# 結果を出す男は「飲み会」で何をしているのか?

*What do men with results do at the drinking party?*

『MEN'S CLUB』編集長
戸賀敬城
Hirokuni Toga

「何かを成し遂げるために
面倒なことなど何もない」

ナポレオン・ヒル

「仕事のために酒を飲む」なんて
古い人間のやることだ。
仕事は結果で評価されるべきだ――。

そういう考え方が現在の風潮かもしれません。
その通り。
企画の内容や普段の仕事ぶりも大事です。

「中身のない仕事」では、
評価されるような結果は出せません。

これは断言できます。

しかし、
今も昔も変わらない「結果を出す男」が実践している
ビジネスの原則があります。

それは、
相手から「ＹＥＳ」を引き出すために、
飲み会やランチなど会食を最大限に活用すること。

昭和の「飲みニケーション」と、
「結果を出す男の飲み会」はまったく異なります。

# 前者はなれ合い、
# 後者はコストと時間をかけた勝負の場。

そう、結果を出す男は、
〝戦略的〟に酒を飲んでいるのです。

# はじめに

私の仕事は、『MEN'S CLUB《メンズ・クラブ》』（ハースト婦人画報社）という男性ファッション誌の編集長です。

「雑誌不況」といわれてから久しいですが、２００７年に編集長に就任してから同誌の改革に取り組み、この８年間で売上を倍増させ、右肩上がりの成長を実現することができました。

そんな私にとって、雑誌の誌面をつくることと同じくらい大事な仕事があります。夜の飲み会と昼のランチタイムを最大限に活用することです。

私のある１週間の昼と夜の食事のスケジュールを抜き出すと、おおむね次のようになります。

**【月曜日】夜**：クライアントＡと飲み会

**【火曜日】昼**：編集部のメンバーとランチ　**夜**：クライアントBと飲み会
**【水曜日】夜**：クライアントC主催のパーティに出席
**【木曜日】夜**：広告代理店の営業担当と一緒にクライアントDと飲み会
**【金曜日】昼**：クライアントEとランチ　**夜**：編集部メンバー全員と打ち上げ
**【土曜日】昼**：クライアントFとゴルフ&ランチ　**夜**：クライアントGと飲み会
**【日曜日】**昼・夜ともに妻の手料理

私のブログを見ると実感いただけると思いますが、家で食事をとるとき以外、ほぼ毎日、仕事に関連した飲み会やランチがスケジュールに組み込まれています。

1年間365日のうち364日は仕事がらみの会食をしていると言っても過言ではありません（妻の誕生日だけは、なんとか予定を空けるようにしています）。

なぜ、こんなに会食の予定が入っているのか。

それは、飲み会やランチの会食が、売上を大きく左右するからです。

雑誌の編集長として、魅力的な誌面をつくって読者を増やすことも大切ですが、それと同じくらい重要な役割があります。

広告収入を増やすこと。おもにファッション業界のブランド企業にクライアント（広告主）になっていただき、広告を出稿してもらうのです。元気のある雑誌ほど、多くの広告が集まり、売上を伸ばしています。

もちろん、社内には営業部や広告部もあって、それぞれの担当者が広告を集めるために奔走してくれているのですが、タイアップ広告（記事として商品を取り上げる広告）やクライアントと一緒に組んで行う読者イベントなどでは、必然的に編集部と連携をとる必要があります。

また、編集長は雑誌の〝顔〟です。「戸賀がやっている雑誌だから、広告を出稿しよう」と思ってもらえる関係をクライアントと築いておくことも必要になります。

つまり、クライアントにできるだけ多くのお金を出してもらうことは、編集長に課された重要なミッションなのです。

みなさんの仕事でもそうであるように、仕事は中身の質が重要です。「どれだけ魅力的な商品・サービスか」「お客様にとってお金を出す価値があるものを提供できるか」が問われます。

雑誌の仕事でも、企画の内容が重要であることは言うまでもありません。どれだけ読者を満足させるコンテンツをつくるか、そして、クライアントにお金を出したいと思ってもらえる企画を提案できるかにかかっています。そのための努力を怠ることは許されません。

しかし、仕事の中身がどんなにすぐれていても、望むような結果が出ないこともあるのが現実です。

プレゼンの場でお客様に企画を評価されても契約に至らないこともありますし、コミュニケーション不足によるボタンのかけ違いで、相手の信頼を得られないこともあります。「企画には自信があったのに……」と悔しい思いをした経験をもつ人は少なくないでしょう。

残念ながら、仕事の中身だけでは、勝負にならないこともあるのです。

しかし、勝率を高める方法はあります。
それが、飲み会などを通じた会食の場なのです。
具体的なことはあとで説明していきますが、飲み会は、相手からＹＥＳを引き出す

（お金をいただく）ためのひと押しとして必要なものだと信じています。だからこそ、私はあえて〝戦略的〟に飲み会に参加し、毎日会食を重ねているのです。

昨今は、「飲み会で仕事をとるなんて古いやり方だ」と思っている人も多いかもしれません。仕事の中身で勝負すべきだ、と。

しかし、それは少し違うのではないかと私は思っています。

仕事柄、優秀なビジネスパーソンとお付き合いする機会が多いのですが、結果を出す人ほど仕事の質以外の部分、つまり、会食などを通じたコミュニケーションの場を戦略的に活用しています。

ワイワイガヤガヤと飲み会をやって、「盛り上がってよかったね」と満足するのではなく、結果を出すためのプレゼンの場という前提で飲み会に臨んでいるのです。

昔ほどではないにしろ、お客様との飲み会や会食が仕事の一部になっているような職場は、今も少なくないのではないでしょうか。

「付き合いだからしかたない」「とりあえず楽しく飲めればそれでいい」というよう

に、漫然と飲み会に参加しているのであればもったいない。飲み会は仕事の結果を出す絶好のチャンスでもあります。

飲み会に対する意識が変わることによって、必ず仕事の結果は変わってきます。

本書がきっかけとなり、みなさんの仕事の成果が伸びることになれば、著者としてこれほどうれしいことはありません。

戸賀　敬城《ひろくに》

# Contents



## Chapter 1

## 「飲み会」を制する者がビジネスを制す！

# Chapter 2

# 何を話し、何を話してはいけないのか？

Chapter 3

# 結果を出す男だけがやっている極秘気遣い

Chapter 4

# 仕事の結果は飲み会の「終わり方」で決まる！

Chapter 5

# 「店選び」で人との距離をコントロールせよ！

Chapter 6

# 「社内飲み」にこそ戦略をもて！

## Bonus Chapter

# 「ゴルフ」「ジム」をビジネスチャンスに変えろ！




本文デザイン／新田由起子（ムーブ）

Chapter 1

# 「飲み会」を制する者がビジネスを制す！

01

# 時間と食事のコストを必ず回収せよ

今日の飲み会は楽しかった――。

会食後に、こんな感想を漏らしているようであれば、きっと仕事で結果を出すことはできないでしょう。

昭和のバブル時代までは、仕事の関係者とワイワイ盛り上がっているだけでも、仕事がどんどん入ってくる時代でした。

しかし、今は違います。

会社もバブル時代のような余裕はありません。限られた少ない予算の中で、大きな成果を出すことが、社員にも求められています。

飲み会に費やす時間や食事代も「コスト」ととらえ、費用対効果を重視しなければなりません。「ああ、楽しかった」「おいしかった」だけでは、飲み会として失敗なのです。

ところが現実には、「楽しく飲めば仕事がもらえる」と思っている人が、いまだにたくさんいるように感じます。特に営業の仕事をしている人は、そのようなスタイルが身についているのでしょう。

私も職業柄、飲み会に誘われることが多いのですが、なかには、それほど仕事の関わりがないにもかかわらず、「とりあえず飲みましょう」といった感覚で誘ってくる人も少なくありません。実際にその飲み会に行ってみると、最初から最後まで仕事の話は出ない。

おそらく相手は、「戸賀と飲んでおけば仕事につながる」という感覚なのだと思いますが、「一緒に飲んだから仕事をしよう」というのは、あまりに非生産的です。

これもまた昭和の飲み方と言わざるを得ません。もちろん、何度も仕事で結果を出している相手であれば、たまには仕事の話抜きでひたすら飲むといったリフレッシュは大切です。

そうでないのなら、飲み会を開催するからには、明確な仕事の目的があるべきです。「プレゼンで企画を通したい」「情報を得たい」など、目的はさまざまでしょうが、飲み会の席で、「一度も具体的な仕事の話が出ない」というのは、あってはならない事態です。

もちろん、飲み会の席でずっと仕事の話ばかりすれば、相手にプレッシャーを与えることになるので、仕事以外の会話で楽しく盛り上げなければなりません。

しかし、どんなにくだけた飲み会の中でも、必ずいくらか仕事の話をして、今後につなげることが必要不可欠。つまり、戦略のない飲み会はムダなのです。

## 飲み会は「お金の関係」で成り立っている

そもそもビジネスにおける飲み会は、「お金の関係」がベースにあります。

私は雑誌の編集長で、それなりに権限があるので、さまざまな人が飲み会の場で時間をともに過ごしてくれます。もし私が編集長を辞めて無職になったら、誰も見向きもしなくなるでしょう。

そういう意味では、やはり飲み会は仕事なのです。仕事である以上、時間と食事のコストは必ず回収しなければなりません。

NG

### 「楽しかった」だけで終わる飲み会

02

# 「透明感のある80%」を目指せ

飲み会をうまくやれば、仕事がすべてうまくいく――。

期待を裏切るようで申し訳ありませんが、そんなわけがありません。バブル時代の頃は、多少そういう側面もあったかもしれませんが、今の時代、飲み会をやっていれば仕事がもらえ、すべてが潤滑に進むというのは絵空事です。

それでも私は、「飲み会で仕事の結果は変わる」と断言できます。

現実的なことを言えば、仕事は「中身」です。どれだけ企画や提案、商品が魅力的かでお客様はお金を出してくれます。私の雑誌編集の世界で言えば、クライアントがいかに多くの広告を出稿してくれるか、これに尽きます。

たとえば、あなたが服を買いにお店に行ったとします。店員がとてもフレンドリーで、トークも楽しいし、あなたのファッションセンスを褒めてくれる。接客されていると、とても気分がいい。

しかし、その店員が個性的なデザインの服を猛烈にプッシュしてきたら、どうでしょう。あなたの好みの服とは、正反対の路線です。しかも、予算の2倍の価格……。どんなに店員の接客がよくても、その服を買おうとは思わないでしょう。

仕事も同じで、どんなに相手がいい人で、たくさん接待してくれても、仕事の中身がダメなら、「仕事をお願いしよう」「この人にお金を出そう」とは思わないのです。

## 仕事の中身80%、飲み会20%

繰り返しますが、仕事の中身は、結果を出すための最低条件です。内容がともなっていなければ、いくら飲み会で奮闘しても望むような結果は得られません。

一方で、こんなことも言えます。

仕事の中身だけよくても、結果がついてくるとは限らない、と。

私のこれまでの経験から言えば、飲み会を含めた仕事の中身以外の部分が結果を左右します。結果の80%は仕事の中身で決まるけれど、20%は飲み会で決まるという感覚です。「たった2割」ですが、この2割が割合以上に結果を左右する重要な役割を占めます。

たとえば、あなたが企画のプレゼンを受けたとします。とても魅力的な内容で、ぜひ採用したいという気持ちに傾いています。もしプレゼンをした人が何度も仕事をしたことがあって気心が知れている人だったら即決するかもしれません。

しかし、初めて仕事をする人だったらどうでしょう。

「企画の中身はいいけど、本当にこの人にお願いしてもよいのだろうか」「一緒に仕事を進めていく中で、もしかしたらどこかでボタンのかけ違いが起こったりしないだろうか」という思いがふとよぎるかもしれません。80％の部分はよいけれど、果たしてそれを鵜呑《うの》みにしていいのか、グレーの部分が残るはずです。

その不安を払拭するのが「飲み会」を通じたコミュニケーションです。一緒に食事の席をともにすれば、良くも悪くも相手の人柄や誠意などが垣間見えます。そこで、相手によい印象をもってもらえば、安心して仕事を任せてもらえる可能性がグンと高まります。

飲み会は、グレーに曇っていた80％の仕事の中身を、「透明感のある80％」にする大事なプロセスなのです。おいしい刺身もツマやワサビなどがないと引き立たないように、どんなにすばらしい企画も、20％の飲み会がなければ輝かないのです。

## NG 企画の内容だけで勝負する

03

# 「こいつ、なんかいいな」と思わせれば勝ち

勘違いしていただきたくないのは、飲み会は、その場で仕事を獲得するのが目的ではないということです。

私もクライアントを接待するばかりではなく、雑誌に商品を取り上げてもらいたいＰＲ会社などから飲み会の席をセッティングされることがあります。しかし、もし彼らから30分も1時間も仕事の話をされれば、正直うんざりします。「お酒の席くらい楽しく飲もうよ」という気分になるのが普通の感覚ではないでしょうか。

結果を出そうと必死になるのはわかりますが、「その場で」「すぐに」なんらかの成果を得ようとするのは逆効果です。お酒の席と昼間の商談の席は分けて考えるのが原則だと私は考えています。

飲み会をする目的のひとつは、自分のプレゼンス（存在感）を上げることです。

飲み会をすれば、2～3時間ほど同じ空間をともに過ごすことになります。それほどの時間をお互いがお酒の入った状態で過ごせば、相手の人柄がわかりますし、反対に自分の人となりも相手に伝わるものです。

それこそ「よく気が利く人だな」「話題が豊富で魅力的な人だな」ということもわ

かるわけです。反対に、「気遣いができない」「一緒に話していてもつまらない」というマイナスイメージを与えてしまう可能性もあります。

たとえば、同じ内容の企画書が2つ並んでいたとしたら、「こいつ、なんかいいな」「この人とは楽しく仕事ができそうだな」と思わせる人の企画書を選ぶのが人情ではないでしょうか。

場合によっては、企画の内容面で少し足りていない提案であっても、「この人と仕事をしてみたいから、やってみようか」という判断になるかもしれませんし、もし今回は企画が実現しなかったとしても、パイプができて、「次は彼に頼んでみようか」と思ってもらえる可能性もあります。

信頼を得て、相手にとってのプレゼンスを上げることが飲み会の目的のひとつです。

## お金をかけてもプレゼンスは上がらない

プレゼンスを上げたいからといって、お金をかけて高級店で接待をすればいいとは思いません。

もちろん、大事な飲み会でチェーン店の居酒屋を選ぶのは言語道断ですが、プライベートでは絶対に来ないような高級店をセッティングしても、浮足立つだけでかえってマイナスに働く可能性もあります。

高級店で食事をすれば、相手に「あの刺身はおいしかった」といった印象を残すことはできるでしょう。経費を出した会社のプレゼンスは上がるかもしれませんが、あなたのプレゼンス向上につながるとは限りません。

あなたのプレゼンスを上げるには、自分の「姿勢」を見せることがいちばんです。言動や気遣い、マナー、話の内容などで好印象を残すことによって、「この人と仕事をしたい」と思ってもらうことができます。

「お金をかければよい」というのは、昭和のバブル時代の考え方です。自分の振る舞いしだいで、それほど高級な店でなくても、あなたにとって晴れ舞台になるはずです。

## NG 飲み会の席でクロージングまで持ち込もうとする

04

# 飲み会で相手の「モノサシ」を測れ！

一緒にビジネスをしていると、相手とのちょっとしたボタンのかけ違いで、仕事がうまくいかないことがあります。

自分の描いていた仕事のイメージと相手の求めていたイメージが異なっていたりすると、お互いに消化不良になってしまうでしょう。

たとえば、雑誌の記事で「上質な靴」をテーマにしたグラビアページをつくるとします。編集部の思い描く「上質」のイメージに合わせて、黒を基調とした誌面デザインにしたところ、クライアントから「上質のイメージは黒ではない。金色にしてほしい」と注文がつく。

同じ「上質」でも、とらえ方はそれぞれ。お互いの基準となる「モノサシ」がズレていると、このようなことが起きます。

しかし、この「モノサシ」がピタリと合致していると、仕事はグンとやりやすくなります。

ファッションでたとえれば、私がオーダーメイドで服をつくるときに、「パンツはもうちょっとタイトな感じでお願いします」と頼んだとします。

このとき、私のことをよく理解してくれている店員さんであれば、「もうちょっと」のさじ加減がわかります。「戸賀の『もうちょっと』は、このくらいだな」と絶妙のサイズ感で仕立ててくれます。お互いのモノサシが合っている証拠です。

## ✦「モノサシ」の長さは会議ではわからない

仕事も同じで、一緒に仕事をする相手とモノサシがぴったり合っていると、お互いに納得のいく仕事になります。

飲み会などの会食は、相手の「モノサシ」を測る絶好の場です。

モノサシの細かな長短は、会議や打ち合わせの席ではわかりません。飲み会などの席で一緒に長い時間をともにすることによって、相手の好みや価値観などを感じ取ることができます。

たとえば、飲み会を通じて相手が豪快な性格であることが垣間見えたとします。その相手が会議の席で、「この企画はもうちょっと華やかにいきましょうよ」と言ったとき、「もう少し華やか」の程度がどれほどか、なんとなく想像がつきます。もっと予算を増やして大胆にやっても大丈夫かもしれません。

逆に、飲み会で慎重な性格が垣間見えれば、「もう少し華やか」のニュアンスは前者とは少し異なりますよね。一気に派手なものに変えるよりも、様子を見ながら少しずつ華やかなものを提案していったほうが賢明です。

相手の「仕事のモノサシ」を知り、それに合わせることができれば、相手も「この人とは一緒に仕事がやりやすい」と思ってもらえます。そのような関係を築くことができれば、おのずと結果も出やすくなるはずです。

NG

## 相手の「基準」を知ろうとせず、自分の「基準」で測る

05

# 企画書の空白は飲み会で埋めろ！

あくまでも仕事は中身が大切です。企画書を作成するときも、誤字脱字があるのはＮＧですし、いかに魅力的に仕上げるかが、ビジネスがうまくいく前提条件です。

しかし、企画書だけでは伝わらないことがあるのも事実。私の仕事で言えば、記事の中でクライアントの商品を掲載するという企画の場合、たとえば、こちらが誌面構成上、商品を４点掲載するつもりでいても、相手は８点載せたいと思っているケースがたまにあります。企画書は契約書ではないので、大まかなことは伝えることはできても、細部まではつめきれないことが出てきます。

お互いにスーパーコンピューターではないので、どうしてもボタンのかけ違いが発生し、「言った、言わない」でトラブルになる結果も想定されます。

しかし、飲み会で互いの距離をつめていれば、「こちらは４点のつもりだけど、いい？」「せめて５点にならない？」「５点ならなんとかなるかもしれない」といったやりとりが自然体でできます。飲み会は企画書の空白部分を埋める役割もあるのです。

## NG なんでもかんでも企画書ベースで仕事をする

06

# 飲み会ではスパイになれ！

# NG 会議や打ち合わせの情報がすべてだと決め込む

飲み会には、「会議やメールのやりとりなどでは聞けない情報を入手できる」というメリットがあります。

たとえば、私の仕事では、ライバル誌よりも先にブランドの最新情報をクライアントから聞き出し、記事にできればライバルに差をつけることができます。

また、あるクライアントのファッションイベントに、超人気俳優をゲストとして招いているという裏情報を聞き出すことができれば、雑誌とのタイアップを提案することもできます。その人気俳優の事務所に正面から表紙や取材の依頼をしても、なかなか受けてもらえない場合などは、クライアントと手を組むことによって、はるかに実現の可能性が高くなります。

飲み会を通じて信頼関係を深めれば、酒の力も手伝って相手がそうした情報をポロッと漏らしてくれる可能性が高くなります。雑誌の仕事に限らず、情報は宝。ライバルに差をつけて結果を出すためにも、飲み会で情報戦を制する必要があるのです。

07

# 「100枚の名刺」よりも「1回の飲み会」

いくらたくさん名刺をもっていても、それは本物の人脈とは言えません。いわゆる「名刺コレクター」が仕事で結果を出すのはむずかしいでしょう。

しかし、現実には、「名刺交換をすればビジネスパートナーだ」とばかりに、相手にビジネスの話をもちかけてしまう人は少なくないように感じます。

最近では、SNSが普及して気軽にコンタクトがとれるので、面識さえないのに、いきなり「仕事をさせてください」と気軽に言ってくる人もいます。

たしかに、名刺やSNSはビジネスのきっかけをつくるには便利です。仕事の内容やケースによっては、ビジネスの武器になることもあります。

しかし、これから数百万円、数千万円規模の大きな仕事をしようというときに、名刺やSNS上だけの関係性の中ですべてうまくやろうというのは、私の感覚では「なし」です。

やはり、飲み会など会食のステップを踏み、お互いの距離を近づけるのが大原則ではないでしょうか。

ありきたりな言い方かもしれませんが、メールやインターネットなどのデジタルだけでは、コミュニケーションは深まりません。

ＳＮＳなどデジタルを使いこなすことは大切ですが、アナログにはアナログのよさがあります。

私はジムで汗を流したあとにサウナに入るのですが、そこでたまたま知り合いに会ったりすると、仕事の話からくだらない下ネタまで大いに盛り上がる。まったく知らない人とも会話に花が咲くこともあります。

リラックスしながらサウナで会話をしていると、不思議と話の内容が記憶に残ったり、相手に親近感を抱いたりするものです。

まさに裸の付き合いの効果ですが、ビジネスにおいてもアナログ的な裸の付き合いをすることによって、相手との距離感が一気に縮まります。その絶好の機会が飲み会の席なのです。

## NG いきなりフェイスブックから仕事に結びつけようとする

Column ①

# お金にならない飲み会はない！

本チャプターで述べたように、飲み会は仕事で結果を出すためのもの。だからこそ、戦略的に飲む必要があります。

しかし、「仕事につながらない飲み会には絶対に行ってはならない」と言いたいわけではありません。私の場合、飲み会の多くが仕事に直結するものですが、直接的には仕事に結びつかない飲み会に参加することもあります。たとえば、出版界の同業者との飲み会や、友人や知人をまじえた飲み会など、直接雑誌の売上にはならないケースです。

もちろん、同じ日程であれば直接仕事に結びつく飲み会を優先しますが、スケジュールさえ空いていれば、直接仕事にならない飲み会でも積極的に顔を出すようにしています。

なぜなら、飲み会は、お金にならなくても「タメになる」、あるいは「ネタになる」ことが多いからです。

私にとっては、そのような飲み会に参加するのは、映画を観るのと同じ感覚です。映画を観ることは仕事には直結しないけれど、将来的にまったく仕事の役に立たないとも言い切れません。

たとえば、役者の服の着こなしや小物などは誌面をつくるときのヒントになる可能性がありますし、映画の中のセリフやりとりが、普段のコミュニケーションの参考になるかもしれません。

飲み会も同じ。

直接的にはお金にならなくても、役に立つような話を聞けるかもしれませんし、お店や飲み会での出来事があとで話のネタになれば、それだけでも参加した価値があります。また、その飲み会で出会った人との縁で、まわりまわって仕事に結びつく可能性もあります。

社内の人と飲みに行って、仕事の愚痴や上司の悪口で盛り上がるくらいなら、外の飲み会に積極的に参加したほうが、何倍も自分のためになります。特に、若い頃はいろいろなことを吸収する意味でも、積極的に飲み会をしましょう。

長い目で見れば、「仕事だけしていればいい」と割り切っている人に、仕事の成果の面で大きく差をつけられるはずです。

# Chapter 2

# 何を話し、何を話してはいけないのか？

08

# 飲み会という「舞台」を演出せよ!

## NG 飲み会は単なる「会合」だと思っている

私は、飲み会を「舞台」ととらえています。

メンバー一人ひとりが与えられた役割をこなし、仕事の「結果」というフィナーレに向けて全力を尽くすのが、本来の飲み会のあるべき姿です。だからこそ、キャスティングであるメンバー構成や、エンディングに向けたシナリオも重要になります。

飲み会を開催するからには、舞台を演出するつもりで臨まなければなりません。

いつも雑誌に広告を出してくれているブランド企業の担当者も、優秀な「演出家」のひとり。ある日、彼女（担当者）から「戸賀さん、今度うちの社長を呼んでくるから会食をしましょう。よろしく頼みますね」という打診を受けました。

社長がわざわざ同席するということは、「社長が喜ぶような派手な企画を提案して」というメッセージであり、おのずと飲み会での私の役割が与えられたことになります。当然その企画が実現すれば、彼女の手柄にもなり、雑誌にとってもおいしい話です。

飲み会を「結果につなげる舞台」と考えると、こんな演出ができるようになります。

09

# 会話の「台本」を準備せよ！

仕事の緊張感から少し離れ、お客様と他愛もない会話を楽しむ。こうしてお互いに心を開いて打ち解けるのも飲み会の大切な役割です。

しかし、結果を出す人は、「とりとめもない会話をして楽しく過ごせれば十分」とは考えません。飲み会は「舞台」ですから、言うべきセリフまで用意してから本番に臨んでいます。

たとえば、広告を出してくれる可能性のあるクライアントを飲み会に誘ったとします。こちらのメンバーは、編集長である私とクライアントを連れてきた広告営業の担当者。クライアントは、雑誌に広告を出すか迷っています。

このような状況のとき、私は広告営業の担当者と次のようなやりとりをします。

戸賀「（お客様のご予算ですと）誌面の2ページを使って商品を紹介しましょうか」
営業「ちょっと待ってください。編集長は2ページと申しておりますが、私のほうで編集長を口説いて3ページにさせます」
戸賀「おい、ちょっと勝手なことを言うな！」
営業「編集長、あとで相談に乗ってください」

「この広告予算では2ページしか取れない」と言う私を、身内である営業担当が「なんとか3ページにならないか」と説得している構図です。

勝手なことを言う営業担当に対して、私は少し慌てた様子で「勝手なことを言うな！」と怒ったりもします。すると、飲み会の席には少し緊張が走り、クライアントの中には、逆に「まあまあ」と仲介に入ってくださる方もいます。

しかし、これらはすべて営業担当と事前に打ち合わせ済みの会話です。「俺がこう言ったら、こう言い返せ」「ここのセリフは大事だから、少し大きな声で強調しろ」と、ちょっとした〝演技指導〟もします。

つまり、飲み会は「舞台」であり、会話には「台本」が存在しているのです。

## ✦駆け引きをするならドラマチックに！

こうしたやりとりを見せられたクライアントは、どう思うでしょうか。

多くの人は、広告営業の担当者に対して「この営業担当は、私たち（クライアント）のために編集長に怒られるのを承知で説得してくれている。仕事熱心な人だ」といった好印象を抱くはずです。

そして翌朝、広告営業の担当者からお礼のメールが届き、「ページ数の件で戸賀には怒られていませんのでご心配なさらないでください。ぜひ3ページでやりましょう」と書いてある。しかも、CCには編集長の私も入っているので、現実味のある話だと暗に示しています。ここまでやれば、ほとんどのクライアントは前向きに広告を出稿しようと考えてくれるでしょう。

会議室でこんな芝居を打ったら不自然ですが、お酒の席では、このくらい芝居がかっていても案外平気ですし、かえってドラマチックに映ります。

「ここまでしないといけないのか」と思う方もいるかもしれません。たしかに、多少極端な例かもしれませんが、飲み会は、結果につながらなければ意味がありません。しかも、どんなビジネスでも多かれ少なかれ交渉の駆け引きはあるはず。どうせ駆け引きをするなら、戦略的に飲み会の場をうまく使うべきではないでしょうか。

## NG 事前に飲み会の台本を用意しない

# 10

# 「脇役」が活躍する舞台ほど傑作になる

**脇**役が魅力的な舞台やドラマほど面白いのと同じで、飲み会も「脇役」が活躍することで結果が変わってきます。

主役であるキーパーソンが決めのセリフや締めの言葉をきちんと言うべきなのはもちろんですが、主役ばかり話し、おいしいところをもっていく飲み会ではダメです。

前項の例でいえば、編集長である私がこちら側の主役で、営業担当が脇役と言えますが、「編集長を口説いて3ページにさせます」と言った営業担当が、おいしいところをもっていっています。

飲み会はチームワークが大事。それぞれが役割を分担し、最終的に結果を出すのが目的です。そのためには、ときに脇役が「主役」になってもいいのです。

主役である上司ばかりが目立ってしまう飲み会を見かけますが、部下にあいづちを打たせておくだけではもったいない。結果を出す人は、「部下が評価されるのは、上司が評価されているのと同じ」だと理解し、脇役を引き立てる飲み会をしているのです。

## NG 「主役」である上司ばかりが話してしまう

11

# 「登場人物」の背景を探れ！

相手を落とす「台本」を書くには、事前に登場人物である相手の背景を徹底的に調べる必要があります。

先の例で言えば、こちらがせっかく台本通りに演じても、クライアントにそもそも雑誌広告に出す予算がなければ意味がないからです。

また、クライアントの予算が1000万円しかないのか、1000万円あるのかでも、台本の効果は違ってきます。

なけなしの1000万円を出してくれるのであれば、台本の効果は期待できますが、1000万円のうちの100万円ということであれば、別れたあとのタクシーの中で、クライアントに「たった100万円で2ページ分が3ページ分に増えてラッキーだったな」と思われるのがオチ。

その場合は、もっと多くの予算を引き出すような台本を書くべきだった、ということになります。

こうした事態を避けるためにも、私たちはクライアントとの間に入る広告代理店の営業担当に、あらかじめ次のようなことを徹底的にヒアリングしておきます。

「予算はどのくらいか?」
「キーパーソンは誰か?」
「相手の本気度はどのくらいか?」

このように相手のバックグラウンドを把握しておくことで、初めて仕事につながる台本をつくることができるのです。

## 「根拠のない飲み会」はしてはいけない

最もあってはならないのは、負け戦《いくさ》に上司を担ぎ出すことです。

私も広告営業の担当者や部下の編集部員から頼まれてクライアントとの飲み会に同行したけれども、実際にふたを開けてみたら、「そもそも相手が広告を出す予算などもっていなかった」「相手がまったく決裁権のない人物だった」ということが何度かありました。

「会社の経費でおいしいものを食べられてよかった」という話では済みません。会社の予算を食いつぶしていたら、結局は自分のクビを締めることになります。

飲み会は結果を出すためのものですから、絶対に「根拠」のない飲み会はしてはいけません。

特に上司を連れて飲み会を開催する以上は、「お金を引き出せる可能性がある」ということが前提でなければ意味がないのです。「根拠」が見つからないうちは、会議室で話し合っていれば十分です。

飲み会をセッティングする前に、相手の背景をできるかぎり調べ尽くすというステップを踏むように心がけましょう。

## NG 下調べもなく飲み会を設定してしまう

12

# 15分前に「リハーサル」をせよ!

私が飲み会に参加するときは、必ずメンバーと事前に打ち合わせをします。一緒にタクシーや電車で移動するなら、その移動時間中に「台本」などを確認するのです。もし現地集合にするなら、スタート15分前に店舗が入っているビルの1階や近くのカフェで待ち合わせして打ち合わせをします。

自分の役割と言うべきセリフ、言ってはいけないセリフなどを再確認してから臨むことによって、飲み会の質は高まり、仕事の結果も変わってきます。

いくら1週間前に一度打ち合わせをしたとしても、必ず直前に確認する。案外、人の記憶はあてにならないものですし、本番でお酒も入ればなおさらです。

こうした入念な「リハーサル」をするのは、自分の社長や上司などに同行してもらうときも同様です。言ってほしい言葉を事前に伝えたり、また、「今日のお相手のA社さんには、○○の件で大変お世話になりました」といった最低限の情報は伝えておき、社長や上司の言葉で語ってもらったりすれば、相手に与える印象もよくなります。

## NG 社長や上司を単なる「お飾り」にする

# 13

# 乾杯では「思い出トーク」をせよ！

飲み会では、笑いが起きて楽しい雰囲気になるような会話をするように私は心がけています。最初から仕事モード全開で硬い雰囲気をつくってしまうと、「どれだけ大きなお願いをされるのだろう」と、相手に余計なプレッシャーをかけてしまうからです。

ビジネスの飲み会でも、明るく、楽しくが基本です。

ただし、全員が席に着いて乾杯する準備が整ったら、いったん空気をピリッと引き締めます。具体的には、相手に「いつもお世話になっている」という感謝の気持ちを乾杯のときに簡潔に伝えるのです。

「昨年は○○様のおかげで、18％も数字が伸びました」

「10月の○○のイベントは、おかげさまで大変盛り上がりました」

要するに、「私はあなたにしてもらったことを全部覚えています」というメッセージを送るのです。すると、こちらの誠意が伝わりますし、このチームはうまくいっているという印象を与えられます。会話にはメリハリをつけるのが大事なのです。

## NG 「おつかれさまでした」のひと言で乾杯する

14

# 話題はフェイスブックから拾え！

「飲み会で何を話したらいいかわからない」という相談をよく受けます。

たしかに、会話の「台本」を事前に用意すべきですが、台本にするのは、仕事の成果に直結するような大事な会話や絶対に相手に伝えなければならないことなど、一部にすぎません。それ以外は、楽しく会話を楽しむトーク力が求められます。

会話をうまく盛り上げられない人に対しては、「相手のフェイスブックをチェックしていきなさい」とアドバイスしています。

SNSを通じて多くの人が自ら情報発信している時代ですから、それを有効活用しない手はありません。

「そういえば部長、この間、自作のオムレツの写真をアップされていましたね。お昼時に拝見したので、思わずお腹がグーッと鳴ってしまいました」

「昨日、ゴルフに行かれていましたね。始められてからどのくらい経つんですか？」

フェイスブックなどにアップされた記事や写真を見たうえで、このように話を振れば、たいていは喜んで話してくれます。

基本的にSNSにアップする話題というのは、本人が誰かに聞いてもらいたいことや、興味のあることです。したがって、話のきっかけをつくってあげれば、「待ってました！」とばかりに話をしてくれて、会話もうまく転がっていきます。

また、SNSを見るということは、相手に興味をもっているというメッセージにもなるので、相手は「こいつ、かわいいやつだな」と思ってくれます。

ただし、チェックする記事は、2つ、3つで十分。なんでもかんでも知っていると、ストーカー的で気味悪い印象になってしまうので気をつけるべきです。

## 相手の好きなモノをひたすら「聞く」

相手がSNSをやっていないケースもあるでしょう。

そのような場合は、ありきたりな方法ですが、相手の話を「聞く」ことが距離を縮めるための王道です。

特に、相手の好きなモノや趣味などを聞き出すのがコツ。たとえば、自動車が好きな人には自動車の話を、ゴルフが好きな人にはゴルフの話をうまく振ることができれば、会話は盛り上がります。

いちばんやってはいけないのは、相手の話を奪うこと。

相手が「週末はゴルフに行ってきて……」という話を始めたのに、「私は週末、山に出かけました」と、自分の話題にしてしまったら、相手との距離は一気に離れていきます。

「どちらのコースに行かれたんですか？」

「どのくらいのスコアで回られるんですか？」

このように質問して、どんどん相手の話を引き出すのが正解。自分の話を聞いてくれる人に対しては、誰でも好意をもつものです。

自分の話術に自信がない人でも、話を聞くことはむずかしくありませんよね。

## NG 「私は、私は」と相手の話を奪ってしまう

15

# いい話は「メモっていいですか?」

飲み会は、仕事の一環として戦略的に参加しなければなりませんが、仕事の話ばかりでは気が抜けず、距離を縮めることができません。もちろん、食事中に企画書を出したり、メモ帳を出したりするのも基本的にはＮＧです。

ただし、相手との距離を縮めるために、戦略的にメモ帳を出すのは、テクニックのひとつとして有効です。

たとえば、決裁権をもっている相手のキーパーソンがためになる話や印象に残る話をしてくれたとき、「ちょっと、すみません」と少し仰々しく会話をさえぎって、メモ帳とペンを取り出す。そして、「今のお話、忘れないようにメモしておいてもいいですか？」と言って、書きとめるのです。こんなことをされたら、相手はうれしいですし、「もっと話したい」という気分になりますよね。

わざとらしく連発するのはご法度ですが、心からいい話だと思ったのであれば、軽く演出をするのも効果的な会話術のひとつだといえます。

## NG 会話に集中しているふりをする

16

# 下ネタを「お口直し」に使え！

仕事の飲み会であっても、私は「下ネタ」を言います。

もちろん、仕事の関係者との飲み会や接待の席での「下ネタ」はリスクが高すぎるからやめたほうがいい、という意見もあります。言う相手を間違えたり、度を越したりすれば、「セクハラ」と言われてしまうリスクもあります。

それでもなお、下ネタを会話の中に織り交ぜることは、相手との距離を近づけるスパイスになると私は信じています。だから、常に3つくらいは、下ネタを仕込んで、飲み会に参加します。

スケベ心まる出しのえげつない下ネタや、場をわきまえない下品すぎる下ネタは、当然いただけません。カレーを食べているのに、排せつ物の話をされたら、誰だって気分を害します。

しかし、誰も傷つけないような笑える下ネタであれば、場の空気をリフレッシュさせる清涼剤のような役割を果たしてくれます。

料理のコースにたとえれば、魚料理と肉料理の間に出てくる「お口直し」のような存在です。

下ネタは万国共通の話題なので、沈滞している場を明るくなごませる効果がありますし、また、親しみやすさを感じさせ、さらに一歩踏み込んだ人間関係を構築させる力ももっています。

ただし、下ネタが効果を発揮するのは、80％の仕事の中身がしっかりしていて、飲み会の「台本」通りに役割を果たせているのが前提です。下ネタはあくまでもお口直しであって、メインディッシュではありません。

下ネタでいくら笑いをとっても、それだけでは本末転倒です。

## 下ネタは「失敗談」が無難

では、具体的にどんな下ネタが好ましいのでしょうか。

いちばん失敗がないのは、自分の失敗談です。

「この店の並びにエッチな店があるんですが気づきましたか？　あそこに間違って入ったらダメですよ。15年も前に私も入ったことがあるんですけど、××なことがあって大変な目に遭ったので」

自分の失敗談であれば、相手を傷つけることなく、笑い飛ばすことができます。

ただし、女性がいる席では、よほどの人間関係がないかぎり、先のような「エッチ系」のネタは避けたほうが無難です。

女性に下ネタを飛ばすなら、断然、次のような「トイレ系」です。

「好きな人とレストランでデートをしたとき、彼女が頬を赤らめていたので今夜はイケると思っていたんですが、実は、トイレに行ってからずっと僕のズボンのチャックが開いていただけだったんです」

もちろん、下ネタを飛ばすタイミングや相手には気をつける必要はありますが、下ネタを笑いに変える話術は人間的な魅力にもつながるはずです。ぜひチャレンジしてみてください。

## NG スケベ心まる出しの「笑えない下ネタ」を言う

17

# あえて競合の成功例を語れ！

## NG 競合企業やライバルの悪口を言う

「飲み会ではお客様の競合のことを話題にするのはタブー」というのが一般的な考え方かもしれません。たしかに、競合の話は、相手にとって失礼にあたることもありますし、悪口などネガティブな展開になりがち。相手に「この人は、うちの悪口も言っているかもしれない。信用できない」という印象をもたれてしまいます。

しかし、ポジティブな内容であり、仕事の成果につながる話であれば、あえて競合の話をするのも「あり」だと思います。

私の場合は、ブランド企業の広告担当者にイベント企画を提案したいときに、ライバルブランドの成功例を話します。ただ、「○○社は、こんな方法で一緒にイベントをやって成功しました」だけでは、「競合と同じことをやってくれ」というメッセージになって失礼です。そこで、「御社の強みを活かして、この部分を変えればもっとうまくいきます」と具体的にプランを提案します。このように競合との差別化を明確にすれば、相手も提案に乗りやすくなります。

18

# ６人までは１つの話題で盛り上がれ！

飲み会の参加人数が4名くらいまでであれば、みんなで1つの話題で盛り上がることができますが、6名くらいになると、3対3や4対2でグループが2つに割れてしまうことがあります。

さすがに8名くらいの飲み会だと大きな声で話すことになり、まわりの席の迷惑になるので、グループが割れるのはしかたない面もあります。

6名までなら1つの話題で盛り上がるのが原則です。相手のキーパーソンが話しているときに、端っこに座っているメンバーが別の話をしていれば、マイナスイメージになるでしょう。自分の話を聞いてもらえないのは、何よりつらいことですから。仕事の飲み会であれば、対角線で話を聞ける人数が限度でしょう。

飲み会のメンバーは、仕事の結果を出すことを目的とした「チーム」です。会話でもそれぞれが役割を果たし、チーム内の連携がとれていることを相手に見せつけることは、「チームワークがいい」という印象になり、仕事上の信頼につながります。

## NG 近くの席の人とばかり話してしまう

19

# 店を選んだ「ストーリー」を語れ！

私が飲み会をセッティングするときは、会話の中で必ず「この店を選んだ理由」を語るようにしています。

飲み会の相手が「ダイエットをしている」という情報を事前につかんでいるのであれば、食事が出てくる前に、こう言います。

「なぜ今日、○○さんをこの店に連れてきたかったかと言うと、ここのフレンチはバターを使っていないからなんです。とっても身体にいいと評判なんですよ」

こう言われた相手は、「そこまで私のことを考えてくれているのか」「今日の会食は楽しみだな」と素直に喜んでくれるでしょうし、「仕事でも気配りができる人に違いない」というイメージをもってくれます。

そのほか、「この店は○○さんの家まで電車一本で帰れる場所なので」「イタリアンが好きな○○さんをぜひお連れしたかったので」といった理由でもいいでしょう。「相手のために選んだ」というストーリーを語ることは、信頼を獲得することになります。

## NG なんとなく「話題の店」に行く

20

# 店員よりもメニューを把握せよ!

相手に喜んでもらうという意味では、お店のメニューについて、ちょっとしたうんちくを語るのも効果的です。

たとえば、焼き肉店なら「このカルビはA5ランクの牛なんですよ」「あまりとれないざぶとんの部位を使っているんですよ」とメニューの説明をする。

韓国料理なら「ここのマッコリは、めずらしくメイドインジャパンなんです。しかも鮮度にこだわっていて、製造から2週間以内に出すようにしているんですよ」と言って、ボトルの製造年月日を見せる。

このようにメニューのうんちくを2つ、3つでも語れると、それだけで料理のおいしさは増しますし、会話も広がります。

また、相手は「本当に行きつけの店に連れてきてくれたんだ」と特別扱いされている気分になります。

店員は料理の説明をしてくれるとは限りません。「カルビです」「マッコリ、お待たせしました」とだけ言って、料理を置いていくことも多いでしょう。

したがって、お店の看板メニューだけでもいいので、店員よりメニューを把握するつもりで事前に情報を仕入れておきましょう。

## ワインよりも焼酎を語れ

うんちくを語るといっても、ワインなどを対象にするのは避けたほうが無難です。ワインにくわしいというだけで、「いけ好かないやつだ」「かっこつけている」という印象を抱く人もいます。

うんちくを語るなら、なじみがあって身近な食べ物がおすすめ。同じお酒ならビールや焼酎のほうが、興味をもって聞いてもらえる可能性が高いでしょう。

NG 上から目線でワインのうんちくを語る

Column ②

# 立食パーティはコスパが低い！

大勢の人が集まる立食パーティなども飲み会の一種です。

飲み会は結果を出すためのプロセスだと考えると、立食パーティはコストパフォーマンスが低いと言わざるをえません。

特に、パーティの主催者に会うのが目的の場合はなおさらです。

たとえば、今後の仕事につなげるために、仕事を発注してくれそうな人が開催するパーティに参加するとします。しかし、相手は主催者なので会場に集まっている人の多くが主催者の関係者。誰もが、主催者と名刺交換をしたり、会話をしたいと思って列をつくります。30分順番待ちをして、言葉を交わしたのは1分だけという結果になりかねません。

しかも、主催者は何十人もの参加者と会っているので、初対面の人の顔と名前を覚えるのはむずかしいでしょうし、会話の中身もほとんど覚えていられないでしょう。

そんな状況の中で、プレゼンスを上げたり、具体的な仕事の話をしたりするのは簡単ではありませんし、スマートでもない。
立食だと落ち着いて食事やお酒を楽しむこともできませんから、数千円〜数万円の会費を払っても、金額に見合わないケースがほとんどです。

そうした不利な状況を覚悟のうえで立食パーティに参加するのであれば、とっとと名刺交換やあいさつをして、早めに切り上げてしまいましょう。極端なことを言えば、「お目当ての人物と目が合って、参加していることをアピールできたら十分」と割り切ってしまうのです。

立食パーティで結果を出そう、という考え自体が間違っています。次につながるきっかけをつくれれば御の字でしょう。

名刺交換ができたら、「昨日はお招きいただき、ありがとうございました。名刺交換をさせていただいた戸賀です。こんなことを考えているので、今度時間をいただけますか?」と丁寧かつ具体的なメールを送る。また、会えないことは覚悟のうえで相手の会社をアポなしで訪問して名刺を置いてきたりするなど、パーティ後にプレゼンスを上げたり、仕事につなげるやり方を考えるほうが生産的です。

# Chapter 3

# 結果を出す男だけがやっている極秘気遣い

# 21

# シャンパンはおかわりするな！

飲み会をするうえで、絶対に忘れてはいけない原則があります。

それは、お客様を舞台の「主役」として扱うことです。

たとえば、私たちがクライアント企業と飲み会を開くとき、編集部側の主役は編集長の私かもしれませんが、あくまでも飲み会という舞台の主役は、決裁権をもった相手のキーパーソンです。

たとえ飲み会の会計は編集部がもったとしても、広告のためにお金を出してくれるクライアントがやはり偉いわけですから、絶対に相手を立てなければなりません。

だからこそ、私は「演出家」に徹するようにしています。お店を選ぶときは、相手が苦手な食べ物を出すお店は避けるのは当然ですが、できるだけ喜んでもらえるように心を砕きます。

「そんなの当たり前だ」と思われるかもしれません。しかし、普段から強く意識していないと、思いがけず失礼な態度をとってしまい、相手を主役として立てることができません。

私も普段から編集部員たちに、「お客様を主役にしろ!」と口を酸っぱくして言っているのですが、それでも無意識のうちにミスを犯してしまいます。

先日、こんなことがありました。

クライアント企業の社長を接待する飲み会でのこと。メンバーは、社長と私のほかに、当社の広告営業の担当者と若手の編集部員の4名。

「せっかくだからシャンパンを開けましょう」ということになり、高級シャンパンを頼んでみんなで乾杯しました。

そこまではよかったのですが、1杯目のシャンパングラスを飲みほした営業担当と編集部員が、いつのまにかシャンパンを次々とおかわりしはじめたのです。

私の指導不足が原因であるのはもちろんですが、「お客様が主役」と考えれば、これはあってはならない行為です。

高級シャンパンは値段が張ることもありますが、ビールなどとは違って特別なお酒と言えます。少なくともクライアントのためにシャンパンを開けたのです。それにもかかわらず、編集部員たちが次々とシャンパンをおかわりしてしまった……。

相手の社長から強く勧められたのであれば別ですが、基本的にシャンパンは社長のために残しておき、自分たちは「ビールにしておきます」「最近、尿酸が気になるので、焼酎にしておきます」などと言いながら、別の飲み物を頼むのがマナーです。

## 食事のペースもお客様に合わせるのが正解

「お客様が主役」を前提にすると、食事やお酒のペースも相手に合わせるのが正解です。若手など「脇役」のメンバーの中には、会話にうまく入っていけず、食事やお酒のペースが上がってしまう人がいますが、これもまた相手に失礼です。相手がお酒をあまり飲まないケースでは、お客様から勧められない限りは、勝手に自分たちのお酒を頼むのは問題があります。

タバコを吸いに席を外すなどもってのほか。お客様がタバコを吸いに行くタイミングで一緒に席を外すならまだ許されるかもしれませんが、相手が吸わないなら我慢すべきです。

NG

**お客様のペースを無視してお酒を頼む**

22

# 相手の「自宅沿線の店」を選ぶ

こちらが飲み会をセッティングするときは、相手のキーパーソンがどこに住んでいるかを事前に確認してもいいでしょう。

女性の場合は、マナー上、最寄りの駅は聞きづらいでしょうから、「何線を使って帰るのか」「どこのターミナル駅を使うのか」をさりげなく聞くだけでも十分です。本人に聞けないときは、他のメンバーに探りを入れてもいいでしょう。

大切なのは、キーパーソンが自宅に帰りやすい場所にあるお店を予約すること。理想は、キーパーソンの会社と自宅の間にあって、一度も乗り換えが発生しないような場所です。

たとえば、キーパーソンの会社が東京の品川にあって、飲み会の会場が池袋だったらどうでしょう。キーパーソンの自宅が池袋駅を通る電車の沿線にあれば、帰りは乗り換えなしで帰ることができます。

しかし、キーパーソンの自宅が品川駅を通る電車の沿線にあったら、そのキーパーソンは「面倒くさい」と思うはず。品川駅も池袋駅も山手線でつながっていますが、ほぼ反対側にあるので、最短でも約30分かかります。飲み会のあとに、また30分かけて品川駅まで戻るのは、かなり億劫《おっくう》に感じるはずです。

## ✦いざというときタクシーで帰れる場所が理想

私の経験から言えば、相手が飲み会をするにあたって心配するのは、帰宅時のことです。お酒を飲んだあとに、何度も電車を乗り換えて帰るのは面倒ですし、酔っ払いと一緒に長時間、電車に乗ることは避けたいはずです。

翌日の午前中に重要な仕事が入っていたりすれば、なおさらストレスなく帰りたいと思うでしょう。

そんなとき、乗り換えなしで帰れる場所や、いざというときにはタクシーで帰れるような場所で飲み会がセッティングされれば、帰りの電車や経費のことをあまり気にせずに、リラックスした気持ちで会食を楽しむことができるでしょう。

なによりも、帰りのことまで気を遣ってくれた相手に対して、好印象をもつに違いありません。

飲み会の場所は、相手の自宅の最寄り駅沿線にあるお店を選ぶのが原則です。それを理解したうえで他のお店をセッティングするのであれば、それ相応の理由が必要になります。

「この夜景がキレイな席は、無理を言ってとってもらったんですよ」
「ここは、一見《いちげん》さんは入れない特別なお店だったので、わざわざ足を運んでいただきました」
「日本酒が好きな〇〇さんに、ぜひ飲んでいただきたいお酒があるんです」

このように、「自宅の最寄り駅沿線」という原則を破ってまでも連れてきたかった理由を先に伝えておく必要があります。

## NG 先方の都合を考えず店を予約する

23

# お店の名物を頭に叩き込め！

チャプター2で「店員よりもメニューを把握せよ！」という話をしました。こちらが飲み会をセッティングする立場であれば、その店の料理やお酒のうんちくを語れれば、相手に喜んでもらえます。

同じことは、飲み会に招かれた場合にも言えます。お店の看板メニューやこだわりを把握し、食べ物の感想を伝えることで、相手に喜んでもらえます。私は飲み会に招いていただいたときには、必ずグルメ担当や編集者に情報を聞いたり、「食べログ」などで飲食店情報をチェックしてから本番に臨みます。どんなお店にも、みんなが注文するような名物があるので、その詳細について頭に叩き込んでおくのです。

軟骨入りミートボールが店の名物であれば、実際にそのメニューが出てきたときに、「ミートボールおいしいですね！　もしかして軟骨入ってますか？」とコメントする。お店を選んだ側からすれば、具体的に食べ物を評価してもらえればうれしいですよね。ネットをチェックするのは3分もかかりませんから、実践しない手はありません。

NG

## 食事の感想が「おいしい！」の一辺倒

24

# 相手の誕生日は必ずチェック！

**飲**み会に参加する前にチェックすることが、もうひとつあります。

「相手のメンバーの中に誕生日が近い人がいないか」です。

いくらビジネス関係の飲み会であっても、「今週、誕生日なんですね。おめでとうございます」と言われれば、たいていの人はうれしく感じます。年齢を重ねるにしたがって、「自分の誕生日なんて面倒くさい」と思うようになっている私でさえ、「おめでとうございます」と言われれば、「わざわざ調べてくれてうれしい」と感激します。

誕生日は相手のフェイスブックなどSNSを覗けば、簡単に確認できます。誕生日が飲み会のある日から1カ月後以内であれば、「おめでとうございます」と言うべきです。誕生日を過ぎていても1～2週間前であれば、触れてもいいでしょう。

いくらビジネスの人間関係がドライになっているといっても、日本人は、いまだにこのような少しウェットなコミュニケーションを好むDNAをもっています。ちょっとした心遣いが、一気に距離を縮める近道なのです。

## NG 相手のSNSを確認するための3分に時間を割かない

25

# 「無礼講は存在しない」と心得よ！

「飲み会の席は無礼講だ」と言われることがあります。しかし、飲み会は結果につなげるビジネスの場であることを考えれば、「無礼講などありえない」と認識すべきです。会議中に大きなあくびをするのが許されないのと同じで、飲み会でも無礼な行為はあってはなりません。

意外とよくあるのは、飲みすぎてあくびをしたり、気持ち悪くなったりするケース。緊張して酔っぱらう人もいれば、会社のお金だからといってカパカパと飲みすぎる人もいます。相手は笑ってすませてくれるかもしれませんが、心の中では「この人に仕事を任せても大丈夫だろうか」と思っている可能性が大です。

また、年下のお客様に対して、「○○くん」「○○ちゃん」と呼んでしまうのも、ありがちな悪いケース。よほどの人間関係ができていれば別ですが、お客様を不快にさせているかもしれません。

お酒の席であっても、相手は「お客様」であることを絶対に忘れてはいけません。

## NG 相手とため口でなれなれしく話す

26

# 上座が「正義」とは限らない

「目上の人やお客様は上座である奥に座り、目下の人やおもてなしをする側は下座である手前に座る」というのが一般的な座席のマナーです。

相手をもてなすうえで、基本的なマナーを押さえておくのは最低限のルールです。常識を知らずに行動する人は、相手から信頼されることはないでしょう。

しかし、一般的とされるマナーが、必ずしも「正義」とは言えません。たとえば、すし屋のカウンターに座るときは、奥が上座とは限りません。大将の正面や角の座席が上座かもしれません（ただし、お客様とカウンターで隣同士に座ることは対等な関係になってしまうので失礼だと考えるべきです）。

タクシーの座席でも、一般的には奥の席を勧めるのがマナーですが、スカートを履《は》いている女性を先に乗せるのは違和感があります。「（スカートだと）乗り降りが大変でしょうから」と言って先に乗り込むほうがスマートではないでしょうか。

結果を出す人は、マナーを踏まえたうえで、状況に合わせた行動をとるのです。

## NG マナーやルールに固執し、融通が利かない

# 27

# 大皿料理は店に取り分けてもらえ!

## NG 年少者が料理を取り分ける

飲み会は仕事の結果につなげる場ですから、相手に喜んでもらえるように振る舞い、会話に集中することが大切です。

だから、私は基本的に取り分ける必要のある料理は頼みません。

料理がひとつの大皿に乗った状態で出されると、取り分けるのに気をとられて、会話に集中できません。

しかも、たいていはその場の年少者が取り分ける役目を担うことになりますが、年少者はおいしいものを食べた経験が乏しいので、せっかくのおいしい部分をお客様に取り分けずに、自分の皿に盛ってしまったりする可能性もあります。また、取り分け方が汚いと、せっかくの美しい盛り付けも台なしです。

料理の取り分けであたふたするくらいであれば、最初から個別に料理が出されるコースを頼んでしまったほうが無難です。あるいは、事前にお店にお願いして、小皿に取り分けた状態で出してもらうようにしましょう。

28

# ご馳走になるなら「手ぶら」はあり得ない

飲み会に誘われ、ご馳走になることが予想される場合、手土産を用意していくのが常識です。ところが、手ぶらで飲み会に行ってしまう人が驚くほど多い。特に若い人は、そうした考え方があること自体知らないのか、「タダでメシが食えてラッキー♪」という感覚です。

タダほど高いものはありません。会計をもってくれるほうは、当然ビジネスの成果につなげるためにご馳走するのであって、何らかのリターンを期待しています。そこで、一方的にご馳走になっているばかりでは、相手につけ入る隙《すき》を与えることになります。手土産を返しておけば、「おごってもらったから」という安直な理由でビジネスの判断をすることは避けられます。

相手からご馳走になる場面としては、目上や年長のお客様と飲みにいくケースも考えられます。本来であれば、こちらが代金を支払うべき立場であるけれど、相手がご馳走してくれるということはよくあります。

こうなることが予想できる関係であれば、やはり手ぶらはあり得ません。手土産がないからといってすねる人は少ないと思いますが、「いつもありがとうございます」

と言って手土産を渡す人と、お礼のメールだけで済ませる人とでは、印象面で大きな差がつくでしょう。「気の利く人と一緒に仕事をしたい」と思うのが人情です。

手土産を用意できるかどうかは、仕事の結果を大きく左右すると肝に銘じておくべきでしょう。

## 会話のネタとして手土産を戦略的に使う

手土産はマナーの一部ですが、役割はそれだけではありません。相手とのコミュニケーションをよくするための武器としても戦略的に活用できます。

たとえば、ファッション誌の編集という仕事柄、私のお客様には女性が多い。彼女たちには、飲み会の途中でハンドクリームやサプリメントなど美容関係の土産を贈ることがあります。女性のほとんどは、美容系のアイテムには興味があるので、「最近、発売された話題の商品なんだけど……」などと付け加えれば、大いに盛り上がります。

飲み会の目的は相手とコミュニケーションを深めて、仕事につなげることですから、こうした手土産を会話のきっかけのひとつとして投入するのです。手土産は帰り際に渡すのが一般的な常識ですが、会話を盛り上げることをねらった手土産であれば、途中で渡してもいいでしょう。これは飲み会に誘うほうでも、誘われるほうでも、両方が使えるテクニックです。

なお、手土産は、定番の羊羹《ようかん》や煎餅《せんべい》などはおすすめしません。謝罪のときは、定番の手土産のほうがふさわしいですが、あくまでもコミュニケーションをよくするのが目的ですから、ストーリーのある手土産がいいでしょう。

「最近、テレビで話題のドーナツです。残り5個でギリギリ買えました」
「風邪気味のようなので栄養ドリンクをケースで買ってきました」
「二日酔いになりにくいサプリメントです。飲む前にどうぞ」

こんなエピソードがあれば、会話のネタになり、距離を近づけることができます。

## NG ご馳走になったのに、お礼のメールだけで済ませる

戦略的飲み会
会話の台本
極秘気遣い
終わり方
店選び
社内飲み
ゴルフ&ジム

# 29

# 外国人は「母国語のあいさつ＋α」でもてなせ！

ファッション誌は海外ブランドも多く取り上げるので、外国人のクライアントと飲み会をすることがよくあります。

そのときに心がけているのは、「相手の母国語のあいさつ＋α」でもてなすこと。フランス人であれば、「こんばんは」から始まって、「私の名前は戸賀です」「今日はお越しくださりありがとうございます」といったあいさつ部分までをフランス語で話します。

私はフランス語を話せませんが、あいさつだけでもフランス語を使えば喜んでくれますし、そのあとは通訳を介しても、会食はスムーズに運びます。

とどめは、会話の途中で母国語のフレーズを使うこと。たとえば、「この刺身はお口に合いますか?」とフランス語で質問する。逆の立場になればわかりますが、海外に行ったとき、カタコトの日本語で話しかけられたら、「わざわざ覚えてくれたのか。いい人だな」と思いますよね。ワンフレーズであっても、効果は絶大です。

別れ際に相手の言葉で「さようなら」と言えば、ハグして喜んでくれるでしょう。

NG 通訳に頼り切って会話をする

30

# ポケットにカードを忍ばせろ！

こちらが料金を払う立場であれば、スマートに会計を済ませることも気遣いのひとつ。相手に気づかれないように支払いを終えておけば、カッコいいですし、「この人、やるな。仕事もスマートに違いない」という印象につながります。

会計をするためにカバンを持って席を立ったり、カバンから財布を出したりすれば、「あっ、もう帰ったほうがいいのかな」などと相手に気を遣わせることになります。飲み会でプレゼンスを上げたいのであれば、会計に行ったことさえも気づかせないようにしたいところです。

方法はカンタン。あらかじめクレジットカードをポケットに忍ばせておき、トイレに立ったついでに会計を済ませてしまうのです。

ただし気をつけなければいけないのは、本当にトイレに行くときは、自分が戻ってくる前に店員が席にサインをもらいに行ってしまうといけないので、「トイレに行ってくるから、レジで待っていてください」と断りを入れてからにしましょう。

NG

## カバンや財布をもって会計に行く

# 31

# カラオケは「ウマい」より「ウケる」!

飲み会のあと、「2次会でカラオケ」という展開になることがあります。私は個人的にはカラオケは苦手なのですが、お客様から誘われれば、付き合わないという選択肢はありません。

カラオケでやりがちな失敗は、自分の好きな曲やはやりの曲を歌ってしまうケース。お客様が知らない曲を、上手に歌い上げてもシラケるばかり。

飲み会と同様、カラオケでも、主役はあくまでお客様。お客様に喜んでもらえる曲を歌うのが原則です。

言うまでもなくカラオケでは、「ウマい」より「ウケる」が優先です。

カラオケが苦手だからといっても、1曲も歌わないのは失礼ですから、私も1、2曲くらいは歌います。

よく選曲するのは、松田聖子の『赤いスイトピー』や杏里《あんり》の『悲しみがとまらない』などの懐メロ。

これなら年上のお客様も知っていますし、スマートぶっているイメージの私が、高い声や裏声で女性歌手の曲を歌うというギャップが、そのイメージを裏切ることになるようで、とても喜んでもらえます。

## ギャップをつくってイメージをぶち壊せ

カラオケで「ウケる」にはいろいろな方法があると思いますが、本人のキャラクターをぶち壊すくらいのギャップをつくるのは、作戦のひとつです。

真面目なイメージな人がノリノリのアップテンポの曲を振り付けで歌ったり、ノリがよさそうな若い人が渋い演歌をこぶしをきかせて歌い上げたりすれば、それだけでも大いに盛り上がります。十八番となるような曲をひとつでも用意しておくと、カラオケが苦手な人でも、お客様に喜んでもらえます。

お客様のためにエンターテイナーに徹することが、自身のプレゼンスを上げて、仕事の結果につながるのです。

## NG 自分の好きな曲やはやりの曲を熱唱する

Chapter 4

# 仕事の結果は飲み会の「終わり方」で決まる！

# 32

# 飲み会の席で「サイン」はもらうな！

大事なことなので繰り返しますが、飲み会の席は、ビジネスの結果につなげるための大切なステップです。

会食の場を通じて、自分のプレゼンスを上げたり、コミュニケーションを深めたり、仕事につながる情報などを得たりするのが目的であって、その場で契約のサインをもらうのが目的ではありません。「今日、契約をしていただきたいので、印鑑をもってきてください」と言われるような飲み会は存在しません。楽しくお酒や料理を楽しむことなどできなくなります。

飲み会で「契約をとろう」「何かを決着させよう」と考えるのは間違い。そもそもお酒が入っている場で決定したことを信用するのはナンセンスです。相手に「覚えていない」「そんな約束したっけ？」と言われたら意味がありません。

絵にたとえれば、飲み会で下地となる線を描き終えれば十分。そこに色を塗るのは、会議やプレゼンの場であるべきなのです。

## NG 飲み会でした口約束を信用する

33

# クロージングは「1週間以内」に!

NG 飲み会から1カ月経っても何も成果がない

前項で「飲み会は結果につなげるためのステップにすぎない」と言いました。とはいえ、飲み会から2カ月、3カ月経っても何の結果も出ないのでは困ります。契約してもらうことを目的にした飲み会であれば、飲み会後にできるだけ早くクロージングに持ち込むのが理想です。

飲み会で相手にいい印象を残すことができても、その記憶はそれほど長くはもちません。数週間もすれば、「そんな飲み会があったな」と記憶が風化していきます。

したがって、飲み会後は短期決着を目指すのが原則。こちらにとって好ましい記憶や流れがあるうちに契約に持ち込むのです。「飲み会から1週間以内」が勝負どころでしょう。

したがって、クロージングを意識して飲み会のスケジュールを設定することも重要。お客様の予算が決まる時期やプレゼン、コンペの日などから逆算して、あまり遠くない時期に飲み会をする、といった戦略を立てれば短期決着も可能になります。

34

# 本当の〆《しめ》はスイーツでも、お茶漬けでもない

# NG 仕事以外の話で盛り上がったまま飲み会を終える

飲み会を仕事の結果につなげる人は、飲み会の「終わり方」が違います。

酒が入ると酔いも手伝って、後半になればなるほどグダグダになったりしますが、そのまま「楽しかったね」で終わらせてはいけません。

結果を出す人は、飲み会をお開きにする前に、必ず「次につながるアクションの確認」を行います。

「○○さん、それでは来週、もう一回アポイントを入れさせていただきますので、例の件、ご検討をお願いします」

「本日、話題にあがった件は、あらためて御社にうかがって提案させていただきます」

こうして、今後の仕事の流れを確認し、一度緩んだ場の空気を引き締めることによって、この飲み会の目的を相手に再認識してもらえます。

結果を出す人にとって、本当の〆はスイーツでもお茶漬けでもありません。結果につながるアクションなのです。

35

# 盛り上がらなくても2次会には誘え！

NG

## 2次会は仲間だけの慰労会

飲み会のあと、盛り上がり具合や相手との関係性によっては、「2次会に行こう」と誘われることがあります。

特に、こちらが接待する立場であれば、終電がなくなるなどの事情がなければ相手の誘いに応じるのが基本的な対応でしょう。お願いごとをするほうが「早く切り上げよう」とするのはやはりおかしいですよね。

相手が2次会を切り出してこない場合でも、お酒が飲み足らないようであれば、こちらから「もし飲み足らないようでしたら、もう一軒いかがですか？」と2次会に誘う気遣いも必要です。飲み会の最後までお酒を残していないようであれば、飲み足りていない可能性があります。

残念ながら飲み会が盛り上がらず、2次会に行く雰囲気ではない場合でも「もう一軒行きますか？」と誘うのも場合によっては「あり」です。断られるのは目に見えていても、「相手を主役として立てている」というメッセージは相手に伝わります。

36

# 脈がないときは デザートを早めに出せ！

ときには、飲み会の途中で「これは脈がないな」とわかってしまうときがあります。どんなに相手の背景を探って準備をしても、「そもそも出してくれる予算をもっていなかった」という場合です。

そんなときは、ズルズルと飲み会を引き延ばしてもしかたがないので、最後の料理まで食べたらお開きにするのがスマートです。

ビジネスにならないことがわかっているのに、相手がなかなか帰りたがらずに、お酒を調子よく飲み続けるようなケースもあります。そんなときは、トイレに行くついでに電車の時刻を調べて、「○○さん、ご自宅は××でしたよね。ちょうどいい快速が23：20発なので、そろそろ出られたほうがよくないですか？」と帰宅を促せば、嫌味にならず、むしろ気の利く人という印象のままお別れすることができます。

上級者のワザとしては、お店の人に頼んで、デザートを早めにもってきてもらうという方法もあります。デザートまで出てくれば、自然と「そろそろ終わりかな」というムードになります。

## NG スマホをいじりはじめる

37

# お礼メールは飲み会の前に書いておけ！

飲み会に誘った場合、誘われた場合を問わず、多くの人が翌日、お礼メールを送っているのではないでしょうか。飲み会後のお礼メールは、最低限のマナーといえます。

しかし、結果を出す人は、お礼だけではなく、今後のビジネスの流れについても確認を入れます。たとえば、飲み会の最後で確認した内容などを翌日のお礼メールの中で、もう一度念を押すのです。

「昨日はお忙しい中ありがとうございました。おかげさまで楽しい時間を過ごすことができました。さて、課長の××からもお話させていただいた○○の件、くれぐれもよろしくお願いいたします。早速、来週お時間をいただきたいので、あらためてご連絡させていただきます」

こうしたお礼のメールを送ることによって、ようやく本当の意味で飲み会を締めることができるのです。

飲み会の席でいくら仕事の話をしても、お酒が入っていることもあって、「そんな話をしましたっけ?」「あれ、本気だったんですか?」などと、相手にうやむやにされるおそれもあります。

そうした事態を避けるために、あらためて文面にして確認をとるのです。言い方は悪いかもしれませんが、「昨日のお約束、覚えていますよね。頼みますよ」とギュッと相手を締め上げることで、確実に仕事の結果につなげることができます。

また、飲み会の席で具体的なプランや数字が上がった場合は、それをメールの文面として残しておくといいでしょう。あとで「言った、言わない」でもめる事態を防ぐことになります。

たとえば、飲み会の席では「広告に200万円出す」と言っていたのに、後日、「200万円とは言っていない。150万円のはずだ」と言ってくる可能性もあります。翌日のお礼メールで具体的な部分を確認しておけば、あとでトラブルになりません。

## お礼メールは朝一番に送信せよ!

お礼メールは、必ず朝一番に行うのが原則です。たまに午後になってからお礼メールを送る人がいますが、どんな事情があっても、遅くても午前中のうちには送信しましょう。私も、営業担当者には徹底させています。

なぜなら、ランチを挟んでしまうと、相手が外出してしまう可能性が高いですし、昨夜の余韻《よいん》はほとんど残っていないので、「今ごろなんだ」というマイナスの印象を与えてしまうことになります。

私は、どんなに忙しくても朝イチにお礼メールを送れるように、飲み会の前にお礼メールの文面を下書きして保存しておくことがあります。

どの店に行き、どんなものを食べるかは決まっているので食事の感想もある程度書けますし、「台本」が決まっていれば、飲み会でどんな話をするかも事前にわかっています。もちろん、そのまま送らずに飲み会後に文面は整えますが、これなら翌朝仕事が忙しくても、朝イチでお礼メールを送信できます（ちなみに、私は1日数回更新するブログも前もってベース程度は書いておき、すぐに投稿できるようにしています）。

翌朝にメールを送るまで、決して気を抜いてはならないのです。

## NG 昼過ぎにお礼メールを送る

38

# お礼メールは一人ひとり文面を変えろ！

飲み会の相手が複数いた場合、翌日のお礼メールは、それぞれ文面を少しずつ変えたほうがいいでしょう。

相手が現場の担当者とその上司の2人だった場合、どちらかが情報共有のために「戸賀さんからお礼のメールが来ていた」といって転送する可能性もあります。

そのとき、同じ文面をコピペしたものだったら、「手を抜いた」という印象に映ってしまいます。

それぞれの文面を変えるのは面倒だと思うかもしれませんが、ちょっとしたひと手間がプラスに働くこともあります。

たとえば上司のメールには「部下の◯◯さんは、いつも一生懸命に私たちのために知恵を絞ってくれるので助かっています」とコメントを付け加え、一方で部下である現場担当者のメールには「上司の◯◯部長は、だいぶお酒を飲まれていたようですが、身体のほうは大丈夫そうですか？」と書き添える。

上司と部下がお互いに、このようなメールが送られてきているのを知ったら、「気遣いができる人」という印象につながり、プレゼンスも上がるでしょう。

いつも、そんなにうまくいく可能性は低いかもしれませんが、こうした小さな気遣いの積み重ねが、大きな信頼につながると私は信じています。

## ✦「現場を立てる」ことが結果につながる

お礼のメールは、飲み会の相手全員に送るのが原則です。

当たり前だと思われるかもしれませんが、案外、多くの人ができていません。相手のキーパーソンやいちばん役職が上の人にしかお礼メールを送らないという人がいるのです。これは絶対にやってはいけません。

たとえば、現場の担当者が、その上司である部長を飲み会に連れてきたとします。決裁権があるのは部長ですから、こちらも部長をキーパーソンとして扱うことになります。

しかし、どんなビジネスでも現場を軽視してはいけません。

物事の決定をするのは上司だとしても、飲み会後、現場でビジネスを進めてくれるのは、現場の担当者です。彼らに「上司にいいところだけもっていかれた」と思わせてしまったら、うまくいくはずの仕事もスムーズに運ばなくなります。現場を立てることは、ビジネスで結果を出す秘訣なのです。

飲み会後は、当然、現場の担当者にもお礼のメールを送らなければなりません。

「昨日は、部長をご紹介いただきありがとうございます。おかげさまで有意義な時間になりました」

「昨日はありがとうございます。今回はゆっくりとお話できなかったので、また一緒に行きましょう」

このように上司を連れてきてくれた労をねぎらうとともに、「現場のあなたも大切にしている」というメッセージを伝えることが、実は遠回りのようで結果につながる近道になるのです。

## NG キーパーソンにしかお礼メールを送らない

# 39

# 翌日の「ホールケーキ」は効果絶大！

飲み会後のお礼として効果絶大な方法をひとつ紹介します。

それは、フレッシュなホールケーキを相手の職場に届けること。

さすがに、直接私が持っていくことはできませんが、アシスタントに頼んで午後3時くらいに届けさせます。

もちろん、毎回届けることはできませんが、いつもお世話になっているクライアントや、前日ご馳走になったお客様に、感謝の気持ちを込めて贈るのです。

「二日酔いですか？」などとメッセージが入ったホールケーキがドーンと届けば、「えっ？　なにこれ！」というサプライズ感もありますし、飲み会に参加していないスタッフにも、私の存在をアピールできます。

また、一緒に飲んだ相手が部長であれば、「○○部長のお知り合いの方からすごい差し入れが届きました」とオフィスで話題にもなるので、その部長はきっと鼻が高いでしょう。ホールケーキは、お客様と関係を深めるのに効果的な手土産なのです。

## NG バウムクーヘンなどありきたりな手土産を渡す

40

# ご馳走になるときこそ「上司に報告」

会社の経費を使って飲み会をするときは、ほとんどの人が上司に報告するでしょう。経費を落としてもらうために判子《はんこ》をもらわないといけませんから。

しかし、相手にご馳走になるケースでは、案外上司に報告していないケースが少なくありません。「タダでご飯が食べられてラッキー」といった意識でしか飲み会をとらえていないのが原因でしょう。

相手にご馳走になるときこそ、上司に報告しなければなりません。

そもそも飲み会は仕事で結果を出すためのプロセスですから、本来上司は、部下がどんな戦略をもって飲み会に臨むのかチェックしなければなりません。「目的は何か？」「キーパーソンは誰か？」「どんな台本で臨めばいいか？」「手土産は何を用意するか？」といったことを事前に確認するのです。部下からの報告がなく、飲み会の存在すら知らなければ、上司はどうにもできません。

また、部下が飲み会の報告をしないと、上司が恥をかくことにもなります。飲み会の相手であるお客様と上司が別の機会に会ったときに、上司は「先日は、うちの部下がお世話になりました」とあいさつさえできません。

そんなことになれば、「上司からお礼のひと言もなかった」というマイナスイメージになりますし、結果的には「この会社はまったくチームワークがとれていない」と不信感をもたれ、ご馳走になった部下の仕事にも悪影響が及びます。

## ✦部下には飲み会の「成果」を報告する

反対に、上司が部下に飲み会の報告をすることも大切です。

立場上、上司のほうが飲み会に参加する機会が多くなるので、部下から「○○課長はお酒飲んでばかりで楽しそうだな」などとやっかみを受けるおそれがあります。

それを避けるために、上司は飲み会の「成果」を報告する。「あの件だけど、うまくいきそうだから」「お客様に○○の件、頼んでおいたから」とこまめに伝えておけば、無用なやっかみを受けなくて済みますし、「飲み会はビジネスの結果を出すためのもの」という意識を部下に植えつけることにもなります。

NG
### お客様と飲んだことを上司や部下と共有しない

Chapter 5

# 「店選び」で人との距離をコントロールせよ！

41

# 仕事のセンスはお店選びでわかる！

## NG お店選びを人任せにしてしまう

前著『結果を出す男はなぜ「服」にこだわるのか？』（KADOKAWA）では、ファション誌に携わってきた経験から、「服の着こなしがきちんとしている人は仕事もできる」という私の持論をお伝えしました。

飲み会も同じ。お店選びには、その人の仕事ぶりがあらわれるといっても過言ではありません。たとえば、料理がおいしくもないのに値段ばかり高いお店や、大声を出さないと会話ができないようなにぎやかなお店を選ぶ人に対しては、「仕事もこんな調子かも。大丈夫かな？」と不安になるものです。

一方、相手が喜ぶ、居心地のよいお店を選ぶ人に対しては、安心感を覚えます。どんなお店を選ぶかで、「仕事で結果を出せる人なのか」「仕事のセンスがある人なのか」といったことを垣間見ることができます。

相手は、あなたのお店選びのセンスを見ています。だからこそ、お店選びに手を抜いてはならないのです。

42

# 究極の店選びは「常連」になってもらうこと

**お**店選びの究極の目標は、連れて行った相手に、その店の「常連」になってもらうことです。私も何度か経験がありますが、飲み会をセッティングした立場として、これほどうれしいことはありません。

先日もクライアントを、ある寿司屋さんに連れて行ったのですが、こんな連絡をいただきました。

「戸賀さん、この間連れて行ってくれたお寿司屋さんに、今度私のお客さんと一緒に行くことにしたんです」

クライアントが自分のお客様を連れて行くということは、そのお店を気に入ってくれた証拠。ひいては私自身のことも気に入ってくれたと考えてもよいでしょう。イヤな人が連れて行ってくれたお店をひいきにしようとは思いませんから。そういう意味では、私が前回、企画した飲み会が成功だったという証でもあります。

相手が「行きつけにしたくなるか」は、お店選びの成功のバロメーターです。

## NG 相手の記憶に残らないようなお店を選ぶ

43

# 高級店であぐらをかくな！

「高級店に連れていけば、すべてうまくいく」という考えは間違いです。たしかに、1人2万～3万円もするような高級店であれば、料理もサービスも一流でしょう。しかし、飲み会の目的を考えれば、単価が高ければ正解とは限りません。

自分のプレゼンスを上げると同時に、相手との距離感をつめて、結果につなげる。これが飲み会のおもな目的です。

高級店を予約したことで満足し、「あぐら」をかいているようでは、これらの目的を達成することはできません。「飲み会で自分がどう振る舞い、何を伝えるか」が重要なのです。

また、高級店を選ぶと相手に余計なプレッシャーをかけることにもなります。「大変なお願いごとをされたら困るなあ」と身構えさせてしまっては、かえって不利な状況に陥ります。

飲み会のお店は高級店でなくてもかまいません。

関係が深くていつもお世話になっている相手であれば、10回に1度くらいは感謝の気持ちを込めて高級店でもてなすという心遣いは大切です。しかし、普段の飲み会で使うお店は、まったく背伸びをする必要はありません。

実際、私が普段使っているお店は、1人あたり4000〜8000円の価格帯が中心です。1万円を超えるようなお店はめったに使いません。そもそも会社の経費を使っているのですから、費用対効果を意識した飲み方が求められるのは当然です（ちなみに、当社は外資系なので、経費の使い方は厳しく問われます）。

## 「雰囲気重視の店」には彼女を連れていけ！

お店を選ぶときの注意点は、「雰囲気だけ」のお店を選ばないことです。

少々生意気なことを言いますが、世の中には店内の雰囲気はムーディーでいいけれど、料理やサービスは二流というお店は山ほどあります。

都内の人気スポットに出店して1〜2年で消えていくようなお店のほとんどは、この手の「雰囲気重視」のお店です。店のオーナーに「この地でずっとやっていこう」という気概やこだわりがないから、とりあえず外からの見てくれだけはよくして一見のお客を取り込む。しかし、料理やサービスの本質的な部分がともなっていないから、リピーターがつかないのです。私も何度、この手のお店にだまされたことか……。雰囲気重視のお店はデートで使うにはよいかもしれませんが、ビジネスの飲み会では、絶対に避けるべきです。

ねらい目は、箸《はし》で食べられる和食割烹《かっぽう》の比較的新しいお店。有名店で修業した板前さんが独立して初めて出した、カウンター席といくつかのテーブル席があるような小規模な店舗――。そんなイメージです。老舗や有名店ではないので、料金も比較的リーズナブルです。

割烹料理店は、たいてい雰囲気も落ちついているので、仕事の飲み会には適しています。また、カウンター席が中心のお店は、お客様から調理風景が丸見えなので、少なくともレンジでチンしたり、手抜きをしたりしません。むしろ一般的なお店にはないようなこだわりのメニューを出してくれる可能性が高いといえます。

## NG 「雰囲気がよいだけのお店」を予約する

# 44

# ビジネスも飲み会も「現場」を熟知せよ！

仕事では「現場」をよく把握していないと、きちんとした仕事ができません。飲み会も同じ。「現場」を知らないと、相手を満足させ、結果を出すのは困難です。お店を選ぶときに、一度も行ったことのないお店を予約する人がいますが、それは海外のアウェーのスタジアムでサッカーの試合をするようなもの。最近は「食べログ」「ぐるなび」などのサイトで情報収集ができるようになったとはいえ、実際に自分が体験してみなければわからないことがあります。

・本当に料理やお酒はおいしいのか？
・お店の雰囲気は落ち着いているか？
・半個室とあるが、どれくらい隔離されているのか？
・個室があると書いてあるが、居心地はどうか？
・スタッフのサービスや態度はよいか？

これらは飲み会の結果を左右する要素ですが、細かいことまでインターネットで調べるのには限界があります。

しかも、ぶっつけ本番で飲み会に臨むと、想定外のことが起きたり、その対応に気をとられたりします。たとえば、半個室を予約したのに、隣の席の声が丸聞こえで、大声で会話をしなければならなかったら、せっかく用意した「台本」を演じるどころではありませんし、それどころか相手の気分を害してしまう結果になりかねません。

一度も行ったことのないお店を選ぶのは、リスクが高すぎるのです。

## ホームグラウンドで戦いを有利に進める

原則は、自分で行ったことのあるお店、できれば「行きつけ」のお店を選ぶことです。勝手知ったる店であれば、少なくとも先のような失敗を防ぐことができます。それどころか、行きつけのお店だとメリットがたくさんあります。

1つめは、どのメニューが名物かわかること。実際に食べたことがあれば、何を頼めば喜ばれるかわかりますし、そのお店の名物料理について、相手の関心を引くようなうんちくも披露できます。

2つめは、お客様に特別感を与えられること。

たとえば、お店に到着すると、「戸賀さん、いつもありがとう。今日は、A社の方とご一緒ですよね」「そうなんです。今日もよろしくお願いしますね」といったお店の主人と私のやりとりがあったとします。店の人とクライアントの情報を共有しておくと、お客様は「自分たちが来店することをお店が知っていたこと」や「行きつけのお店に連れてきてもらったこと」に対して、特別扱いされていると感じるでしょう。

3つめは、多少の融通が利くこと。

本当の常連になれば、「メニューにない特別料理を出してもらえる」「いちばんいい席を用意してもらえる」「お客様が好きな銘柄のお酒を持ち込める」など、お客様をもてなすための選択肢が増えます。

ただ、まだ行きつけのお店がない人もいますよね。その場合は、「飲み会の前に下見に行く」「先輩や上司などがいつも使っているお店を教えてもらう」などの方法で、少しずつ行きつけを増やしていきましょう。ぶっつけ本番だけは厳禁です。

## NG 下見もせずにお店を選ぶ

45

# 行きつけは「最低5軒」つくれ！

ビジネスで使える行きつけのお店がたくさんあるほど、お客様に合わせたお店を選択できます。チャプター3で「相手の『自宅沿線の店』を選ぶ」という話をしましたが、行きつけのお店が多いほど、相手のことを考えた店選びが可能です。

私の場合、「正真正銘の行きつけ」といえるお店は、15店舗くらいです。10店舗以上あれば、さまざまなニーズや状況に対応することができます。

理想をいえば、和食、フレンチ、イタリアン、中華など、行きつけのお店のジャンルがバラエティーに富んでいると完璧です。

ただ、多少の融通が利くような行きつけにするには、当然、何度も通う必要があります。現時点で行きつけと呼べるようなお店がないなら、まずは5軒を目標にしてみましょう。5軒もあれば、お店選びで他の人にグンと差をつけられます。

行きつけのお店を増やしたいなら、普段の飲み会などで積極的に幹事を引き受けるのも「あり」です。お店を選ぶ目が養われ、行きつけ候補も見つかります。

## NG 毎回違う店を利用する

# 46

# 「ジャンル＋店名＋場所」でスマホに登録せよ！

お店選びは、選択肢がたくさんあるほど楽になります。私は行きつけのお店以外にも、ビジネスで活用できるお店はスマートフォンの中にすべてストックしています。山手線のすべての駅に1店以上、会食に使える店が登録されています。

お店を選ぶ必要があるときは、移動中などのすきま時間を使って検索すれば、数分で適当なお店をいくつかピックアップできます。

また、大量にデータがたまっても検索しやすいように、スマートフォンの電話帳の中には、次のルールでお店を登録しています。

「料理のジャンル＋店名＋場所」

「焼き鳥　○○屋　恵比寿」「イタリアン　××店　新宿」といった具合です。店名だけだと忘れてしまうので、ジャンルと場所も一緒に登録しておくのがコツです。

飲み会に使えそうなお店は、普段からこまめにスマートフォンに登録するようにしておくと、だんだんとお店選びが楽になります。

## NG 毎回、インターネット検索をしてお店を探す

47

# 5回に1回は「煙《けむ》い店」を選べ!

## NG 安い店、庶民派の店は失礼だと思い込む

飲み会で、同じ相手に対して毎回のように仕事の相談や提案などをしていたら、相手に「また仕事の話か……疲れるな」と思わせてしまいます。5回のうち1回くらいは、仕事の関係をリフレッシュさせる会をセッティングすることも大切です。

私がよく使うのは、お好み焼き屋。高級店ではなく、庶民的で、煙がもくもくと立ちのぼっているような気軽なお店です。

日本でも海外でも社長やセレブは大事な人を自宅に招いてもてなします。一般の人にはハードルが高いでしょうが、お好み焼き屋だと自宅に招いたかのようなアットホーム感を演出でき、落としたい相手との距離も縮まります。

目の前の鉄板でお好み焼きをこしらえる姿を見せれば、マメさや芸の細かさをPRでき、「この人は仕事でもマメなんだな」という印象につながります。多少失敗しても味はそれほど変わりませんし、かえって一生懸命に焼く姿はプラスになります。

ただ、「煙い店なのでいい服は着てこないで」と事前に伝えておくことを忘れずに。

# 48

# 同じ店に二度と連れていくな！

## NG 同じ店でしか飲み会を開催しない

「飲み会を開催するときは、いつも同じ店」という人もいるかもしれません。行きつけのお店であれば、失敗はありませんし、平常心で飲み会に集中することができます。ホームグラウンドをもつことのメリットは大きいですが、同じ相手を何度も同じお店に招くのはよくありません。

相手からすれば、「手を抜いている」「あまり重要視されていない」という印象になりかねませんし、やはり「ぜひ○○さんをお連れしたいお店があるんです」と、毎回マメにお店を選んでくれるほうがうれしいですよね。

お店選びで楽をしたり、マメでない人は、仕事においても「手抜きをする」「マメではない」というイメージに直結しかねません。

しかし、飲み会に誘われる立場であれば、逆に「この間のお店はよかったので、また連れて行ってください」と提案してあげる気遣いは効果的です。誘う人にとってはお店を探す手間が省けますから、感謝してくれるはずです。

49

# 飲み会が苦手な人には「ランチ接待」

なかには、「夜の飲み会は好きではない」というお客様もいるでしょう。「お酒が苦手」「夜の時間は家族と過ごしたい」という人もいますし、女性であれば「子どもがいるので夜遅く帰れない」というケースもあります。

その場合は、お昼の時間に行う「ランチ接待」がおすすめです。

ランチであれば、時間が限られているので、長くても2時間程度で終わります。そのあと仕事に戻れるので、時間を有効に使えます。

また、お酒を飲むかどうかは相手しだいですが、飲んだとしても、予算的にはリーズナブルです。高いお店を選んでも、1人5000円以内に収まるでしょう。

ただし、お店選びは慎重に行いましょう。カジュアルなレストランや個室のないお店では落ち着きませんし、まわりに聞かれてはまずいビジネスの話もゆっくりできません。私がランチでよく使うのは、個室や座敷がある和食割烹。高級店であっても昼はリーズナブルですし、落ち着いて会話もできます。

## NG ランチだからといって、個室のないお店を選ぶ

50

# イタリア人には、あえてのイタリアン

外国人を飲み会に招くとき、いちばん注意を払わなければならないのは、「苦手な食材がないかどうか」です。

「せっかく日本に来たなら、ぜひ新鮮な魚を食べてほしい」と寿司屋を予約しても、「生ものはまったくダメ」という外国人も少なくありません。

お店を選ぶ前に、「お刺身は食べられますか？」などと苦手な食べ物を直接聞いておいたほうが無難でしょう。

外国人を連れていくなら、やはり和食のお店が王道です。

ただし、その場合は、出される料理に関するうんちくや日本の食文化について、相手に説明できるように準備しておくことが大切です。

日本人が海外に行くと、その国の文化や風習に興味をもつように、海外からやってきた人は、日本文化に興味津々です。

「この赤いご飯は、赤飯（セキハン）といいます。日本では古代から赤い色には邪気を祓《はら》う力があるとされていて、お祝いごとのあるときに出されるめでたい食べ物なんです」

「和食には強い美意識があって、美しく食べることが求められます。『迷い箸』(箸を持ったまま食べ物の上をあちこちと動かすこと)、『刺し箸』(食べ物に箸を突き刺して食べること)など箸のタブーは数十個あるんです。実は、日本人の私でも無意識にやってしまっているんですけどね」

このように和食や日本文化について説明してあげると、外国人は関心をもって聞いてくれます。

しかし、日本人であっても、意外と日本の文化のことは知らないものです。外国人が興味をもちそうな文化については、簡単に説明できるように、日頃から関心をもって調べておくといいでしょう。

## 和食にこだわる必要はない

和食以外なら、相手の出身国の料理をあえて選ぶのも一興です。イタリア人ならイタリアン、フランス人ならフレンチの店に連れて行く。

私の経験上、イタリアンにしてもフレンチにしても日本のレストランの質は高いので、「こんなにおいしいとは！」とびっくりしてもらえます。

ただし、その場合は、あえてイタリアンにした理由を説明しましょう。

「本場ナポリでも食べられないようなおいしいパスタを出してくれるんです」「日本の新鮮なシーフードがたっぷり載ったピザが名物なんです」といった理由を伝えておかないと、「なぜイタリアンなのか？」と疑問に思われてしまいます。

なお、外国人が必ず喜んでくれる鉄板コースは、東京であれば、築地市場を見学してから寿司を食べるというプラン。マグロなどの魚が並んでいる光景や、熱気あふれる市場の雰囲気は外国人の心をつかむようです。

## NG 外国人が相手のとき、和食を予約して安心する

51

# 2次会はフルーツカクテルのある店を選べ！

自分が飲み会をセッティングする場合は、お店を選ぶ段階で2次会があることを想定しておかなければなりません。

こちらが「今日は、2次会はないだろう」と思っていても、相手が「もう1軒どうですか？」と言ってきたら、2次会の会場を探さざるを得ません。

その周辺に土地勘がなければ、お店を探してさまよい歩く「2次会難民」になりかねません。

1次会のお店の予約をしたら、あわせて2次会の会場も探しておきましょう。予約までしなくてもいいでしょうが、目星をつけておくだけでも、いざというとき慌てずに済みます。

## ムーディーすぎるバーは避けるべき

2次会のお店は、バーなどお酒を中心に出してくれるお店が無難ですが、いちばんのおすすめは、搾《しぼ》りたてのフルーツを使ったカクテルを出してくれるお店。

私がよく使っているバーでは、7種類くらいのフルーツがお盆にディスプレイされていて、その中から好みのフルーツをベースにしたカクテルをつくってくれます。

全然飲み足りないという場合は別ですが、「あと1、2杯くらい飲みたい」というケースには、フルーツベースのカクテルはデザート感覚で飲むことができ、2次会に適しています。

フレッシュフルーツを使ったカクテルは、特に女性に好評で、「パイナップルは酵素が豊富に含まれていて美容に効果があるんですよ」といったフルーツに関するうんちくを少し語れれば、さらに喜んでもらえます。


なお、2次会でバーを選ぶときには、しっとりとしたムードの静かなお店は避けたほうが無難です。2次会に行く頃には、お酒の効果でほろ酔い気分になっていて、ワイワイと楽しい雰囲気になることが多いので、ひそひそ声で話さなければならないようなバーだと盛り下がってしまいます。

## NG 「今日は、2次会はない」と思い込んでいる

Column ③

## なんだかんだ言って、箸《はし》で食べる店が落ち着く

ある高級中華料理店で飲み会をしたときのこと。そのお店は少し変わっていて、中華なのにナイフとフォークで食べるのが基本形です。料理はおいしいし、ナイフとフォークでいただく中華料理もオツで、相手も喜んでくれました。

ところが、コースの中盤で、箸を使って食べる料理が出てくると、私も含めて参加者全員が箸を使い続けて、それ以降の料理はナイフとフォークを使わなくなりました。ナイフとフォークで食べる中華もいいけれど、やはり日本人は使い慣れた箸のほうがリラックスして食事を楽しめるようです。

接待となると、ナイフとフォークでいただく、フレンチやイタリアンを選択することもあるでしょうが、落ち着いて話をしたければ、箸で食べる和食が無難です。フォークとナ

イフを使うというだけで、少しかしこまった雰囲気になってしまいがちです。特にナイフとフォークを使うような店に慣れていない人は、和食のほうが余計なことに気を遣わなくて済みます。

そういう意味でも、先ほどおすすめした和食割烹などは最適です。

反対に、外国人を招く場合は、箸を無理強いしないという心遣いも必要です。

相手が外国人だからこそ日本文化に触れてほしいという気持ちはわかりますが、外国人にとって使い慣れていない箸で料理を食べるのは苦痛であるケースも考えられます。結果的に食事を楽しんでもらえなければ、逆効果です。

だから、私の場合は、箸の使い方に苦戦しているようであれば、お店に頼んでスプーンやフォークを出してもらう。相手によっては、とても喜んでいただけます。

ただ、かしこまったお店では、スプーンやフォークを出してもらうのは気が引けるでしょうから、そういう意味でも気軽に無理を頼めるような行きつけのお店をもっておくと重宝します。

# Chapter 6

# 「社内飲み」にこそ戦略をもて！

52

# 結果を出すために上司を飲みに誘え！

最近では、以前と比べて社内の飲みニケーションが減ったと言われています。もちろん、誰かの悪口や仕事の愚痴を言い合うような飲み会や、上司が部下に説教するのが目的の飲み会はムダです。

しかし、「社内飲みはすべてムダ」と決めつけるのはちょっと待ってください。戦略的に社内飲みをすれば、仕事の結果につながります。できる人は、実は社内飲みを積極的に活用しているのです。

私の場合、自社の社長と2～3カ月に1回くらいのペースで飲みに行ったり、ゴルフに出かけたりします。社長から誘ってくる場合もありますが、私から社長に「今度いかがですか？」と声をかけることもあります。

一緒にお酒を飲めば、社長が考えていることや、私に対して期待や心配していることもわかります。逆に、こちらが普段考えていることや、相談したいことも気軽に話すことができます。会議室では言えない本音もぶつけ合えるでしょう。

こうした機会があると、仕事で結果を出しやすくなります。

たとえば、社内で企画を通すための会議は、せいぜい1時間ほどです。プレゼンが得意なほうである私でも、1時間という限られた時間で、その魅力をすべて伝えきり、社長をはじめ決裁者の心をがっちりとつかむことは簡単ではありません。

それに比べて、一緒に飲み会に行けば2～3時間もの間、一緒に時を過ごすことになります。そこで、企画書やプレゼンでは伝えきれない行間を補足したり、その企画にかける熱意などを伝えたりすることができます。

反対に、社長が期待している内容や疑問に思っていることを飲み会の席で把握し、それをプレゼンの場でカバーすることも可能でしょう。

20％の社内飲みをうまく活用することによって、80％の企画（仕事の中身）の透明度を高められるのです。

## ✦「部下に頼られたくない」という上司はいない

「戦略的に上司と飲みに行く」という考え方は大切です。

上司が誘ってくれないなら、自分から声をかけてもいいでしょう。

平社員が社長を誘うことは現実的ではありませんが、直属の上司であれば誘いやすいはずです。

「悩んでいるので、飲みに行きませんか？」だと、「こいつ、会社辞めるのかな」と思われてしまいますが、次のように前向きで具体的な相談があるとわかっていれば、上司も時間をつくってくれるでしょう。

「今度、大きなプロジェクトを控えているので、ご相談に乗ってもらえませんか？」

「来月、お客様と飲みに行く予定なのですが、今後の流れについてお知恵を拝借できませんか？」

そもそも部下に頼られてイヤな気持ちになる上司はめったにいません。

ただし、「今日どうですか？」というような急な誘いはNG。たいていの上司は多忙ですし、自分勝手なやつだと思われてしまいます。

## NG 「上司と飲みに行くのはムダだ」と決めつけている

# 53

# 忙しい上司は「ランチ」に誘え！

前項で「上司を飲みに誘え！」と提案しましたが、現実的には「いきなり上司を飲みに誘うのはハードルが高い」というケースもあるでしょう。また、上司が忙しくしている場合は気軽に誘いづらいという問題もあります。

このようなケースでは、ランチタイムを有効活用する手もあります。

ランチであれば部下からでも誘いやすいですし、どんなに忙しい上司でもお腹はすくはずです。

しかも、ランチは飲み会と違って、上司の負担が少ない。飲み会となると、まとまった時間を確保しなければならないので、スケジュール調整も大変ですが、ランチなら上司も気楽に応じることができます。「今日どうですか？」という急な誘いでも大丈夫なケースが多いでしょう。忙しい上司はランチに誘うのが賢いやり方です。どれだけ多忙でも、ランチくらいはとるでしょうから。

だからといって、「なんとなくお近づきになりたいから」という程度の理由で、部下から上司をランチに誘うのはマナー違反です。

逆の立場ならありかもしれませんが、部下が「なんとなく」の理由で上司の時間を奪うのは失礼でしょう。ランチ代をたかられていると思われるのがオチ。「相談したいことがある」など、ランチに誘うための理由が必要です。

なお、ランチの場所は、きちんとした割烹料理店やレストランでなくてもかまいません。それこそ普段使っているような定食屋やラーメン、そばでも十分です。

## お店に到着するまでに相談内容を伝える

お客様との飲み会に臨むときと同様に、上司とランチに行くときも、ちょっとした「台本」を頭の中で用意しておくことが大切です。

具体的には、どの店で食べるか、どのタイミングで、どんな相談をするかといった流れをイメージしておくのです。

ランチの時間は限られているので、ご飯を食べ終わってから相談しても、時間切れになってしまうかもしれません。また、食事をしている最中は、会話に集中できない可能性があります。

したがって、相談するほうは、お店に到着するまでの道中で、相談内容を上司に伝えてしまうのが賢明です。

むしろ店に着いてから食事が終わるまでは、世間話など気楽に話せるテーマのほうがリラックスして食事も楽しめます。また、上司は食べている最中に相談に対する答えを整理することもできます。上司の立場も考えてあげるべきです。

そして、食後やコーヒーを飲みながらなど、落ち着いて会話ができる状態になってから、具体的に相談内容についてじっくり話し合うのです。

相談するほうは、早く答えをもらいたいと気があせってしまうかもしれませんが、上司の立場になって、ランチタイムの流れを考えてあげる気遣いも必要です。

なお、ランチ代は多くの場合、上司が払ってくれるでしょうが、相談に乗ってもらうために上司の時間をいただくのですから、「ランチ代は自分がもつ」という姿勢を部下が見せることは大切だと思います。

## NG 理由もなく上司をランチに誘う

54

# 「おバカな会話」が仕事の効率を高める

あなたが上司の立場であるなら、仕事の話は抜きで、部下たちと単に楽しく飲むような機会をつくってみてはいかがでしょうか。

『MEN'S CLUB』の編集部では、打ち上げなどをかねて定期的に私のポケットマネーで「部会」という名の社内飲み会を開催しています。

この飲み会では、会話の95%は仕事以外のおバカな話。過去の笑える失敗談もあれば、下ネタもある。仕事がらみの会話はほとんどしません。

私は、意識的に仕事の話をしないようにしています。なぜなら、この飲み会の目的は、仕事の効率を上げるためだからです。

仕事の効率を上げるために仕事の話をしない——。矛盾しているように感じるかもしれませんが、仕事の話抜きで楽しくお酒を酌み交わすことが、仕事の結果にもつながっているのです。

最近は、どこの職場もそうかもしれませんが、メールによるコミュニケーションの比重が増え、面と向かってコミュニケーションをする機会が減ってきているように感じます。直接、隣に座っている人に聞けばいいようなことも、メールを通じて聞くという奇妙な事例もよく聞きます。

たしかにメールは仕事の効率を高める面はありますが、やはりバランスが大事。面と向かったコミュニケーションが少なくなることは、かえってチームとしての仕事の効率を落とす結果となります。

## ✦社内飲みを通じてお互いを理解する

たとえば、企画会議で私が部下の提案した企画に対して「この企画、全然ダメ。やり直し」と言ったとします。

もし普段から会話をする機会が少なくて、お互いに人間関係があまり構築できていなければ、ダメ出しをされた部下は、ズコーンと落ち込み、その企画をあきらめてしまうかもしれません。

しかし、普段からコミュニケーションがとれていれば、めげるどころか「戸賀さんは全然わかっていない！」とばかりに、企画を磨いて再チャレンジしてくる可能性があります。そもそも、私が何を考え、どんな価値観をもっているのかを理解してくれていれば、一瞬でダメ出しされるような企画は提案しないはずです。

逆に、私の立場からいっても、部下がどんなタイプで、どんなことを考えているかを理解できていれば、その部下のアイデアを引き出せるようなヒントや物言いができるかもしれません。

何度も繰り返しますが、こうした80％の企画書にあらわれない行間部分は、20％のコミュニケーションを通じて透明度を高める必要があります。その絶好の機会のひとつが、社内飲み会でおバカな話をすることなのです。

お互いのことを理解していれば、面と向かって言いたいことも伝えられますし、チームとしての機能も高まっていきます。

一見、仕事に直接関係のない会話を重ねることによって、実は仕事の効率は向上し、結果的にハイパフォーマンスにつながるのです。

## NG メールでばかり「報告・連絡・相談」をする

# 55

# 社内飲みの5%は真面目モード

前項で「社内飲みでは仕事抜きの会話が95％」という話をしましたが、編集部の部会では、残りの5％は真面目に仕事の話をします。仕事の話といっても、「この間の誌面はどうだ」といった会議室ですべき話をするわけではありません。

私が毎回必ずやっているのは、部員一人ひとりにみんなの前でテーマをもって話をさせることです。たとえば、年初であれば今年の抱負、年末であれば今年の反省点などを発表してもらいます。

私たちのような編集の仕事は特にそうですが、大勢の人の前でトークをする機会は、意外と多くありません。だから、お客様へのプレゼンや接待の席など、いざという場面でガチガチに緊張して、うまく自分を表現できません。

社内飲みは、相手に自分のことを伝える訓練の場。だから、「何が言いたいのかわからない」「声が小さくて聞こえない」といった厳しいツッコミも入れます。このように場数を踏むことによって、人前で話すことが苦ではなくなっていくのです。

## NG 最初から最後までおバカな会話を続ける

56

# 社内飲みこそ遅刻厳禁！

社内の飲み会だと、必ず遅れてやってくる人がいます。遅刻した人は必ず「仕事が押してしまって……」と仕事を言い訳にしますが、ここまで再三お話してきたように、飲み会も立派な仕事であり、結果につなげるプロセスです。

当然、社内飲みであっても、緊急事態などよほどの事情がない限り、遅刻することは許されません。社内飲みは、仕事の質や効率を上げる目的で開いているのですから。

「社内飲みも仕事」と強く意識しなければなりません。

## 結果を出す人は基本ルールを守る

社内飲みに遅刻してくる人は、総じて仕事に対する意識が低く、時間管理がルーズなので、お客様との飲み会でも遅刻しがちです。

完全にプライベートの飲み会であれば、多少の遅刻は大目に見てもらえるかもしれません。しかし、相手を接待する場に遅刻してくれれば、それだけで信用を失います。

いくらすばらしい台本があっても、挽回するのは容易ではありません。

「一事が万事」と言いますが、社内の飲み会に遅刻する人は、あらゆる仕事においてルーズで、どこか抜けています。飲み会前のリハーサルでも手を抜いたり、伝えなければならないことを忘れてしまったり……。

一方で、結果を出す人は、どんなに忙しくても社内飲みに時間通りに参加します。

これまで社内外でたくさんの優秀なビジネスパーソンを見てきましたが、結果を出す人ほど、時間を守り、基本的なビジネスのルールを大事にしているのです。

## NG 「社内飲みは仕事ではない」と思っている

Column ④

## 社内飲みを「アメ」として活用せよ！

最近では、上司が部下を飲みに誘っただけでも「パワハラ」と言われてしまう風潮があります。

もちろん、お酒が飲めない部下に無理やりお酒を飲ませたり、上司の小言や愚痴を延々と聞かせたり、２次会、３次会と深夜まで部下を連れまわしたりしていたら、パワハラと非難されてもしかたありません。

しかし、節度のある飲み会はコミュニケーションを深める場として、必要不可欠だと私は信じています。古い人間だと思われるかもしれませんが、これだけは断言できます。お互いにメールや会議の席では見せない顔や考え方をオープンにすることで、絆は強くなり、チームワークも生まれるのです。

私の場合、編集部の部会のほかに、個別に部下や営業担当を社内飲みに誘うことがあります。「最近うまくいっていないなあ」というときや、反対に仕事で成果を出してくれたときなどに、飲みに誘います。

また、「叱りすぎたなあ」と思ったときも、飲み会に連れ出します。雑誌の編集部は体育会系の面もあるので、部下が正しくないことをすれば厳しく指摘します。

こうした飲み会では、説教したり、ぐちぐちと小言を言ったりはしません。基本的に部会と同じく、仕事の話はできるだけ少なくして、楽しく飲むことに徹する。仕事をうまくやってくれたら、「キミのおかげだ」と手柄を手放しでほめてあげる。

ベタなやり方かもしれませんが、アメとムチを使い分けている。つまり、飲み会をフォローの場として活用しているのです。効率が重視されている今だからこそ、このようなアナログなやり方が効果を発揮するのではないでしょうか。

「そうはいっても、お酒は誘いづらい……」という場合もあるでしょう。飲み会を活用できない環境であれば、就業時間中に部下とコミュニケーションする時間をとらなければなりません。通常なら1時間かけているやりとりに1時間半かける、といった工夫が必要になります。効率ばかりを追い求めると、結果を生むチームにはなりません。

# Bonus Chapter

# 「ゴルフ」「ジム」をビジネスチャンスに変えろ!

57

# 結果を出す人は「ゴルフ」をする

# NG 「ゴルフは遊びだ」と決めつけている

ここまで「飲み会を通じて、いかにビジネスの結果を出すか」についてお伝えしてきましたが、飲み会と同じような効果が期待できる絶好の機会があります。

それは、ゴルフです。

私がゴルフを本格的に始めたのは15年ほど前。ファッション業界にはゴルフが好きな人が多く、クライアントとのお付き合いでプレーしたのがきっかけです。最初は好きで始めたわけではなかったのですが、しばらくゴルフを続けていて、ある事実に気づいたのです。

ゴルフは飲み会の延長戦だ、と。

相手と長時間一緒にコースをまわっていれば、相手の人柄もよくわかりますし、自分がどんな人であるかも伝えられます。自然と打ち解けて人間関係は深まるでしょう。つまり、飲み会と同様、80％の仕事の中身の透明度を上げることが可能なのです。

結果を出す人は、ゴルフを「仕事の結果につなげるプロセス」ととらえています。

58

# 「ゴルフ」は飲み会よりコスパが高い!

私は、年間80回ほどゴルフコースでプレーしていますが、そのうち約9割はクライアントなどと一緒です。

つまり、ほとんどが仕事の一環なので、休日だけでなく平日もゴルフに出かけることがあります。

「それは戸賀の立場だからできるんだ」という意見もあるかもしれません。たしかに、「雑誌の編集長だから」という職業的な特性もありますし、ゴルフは時間的にも金銭的にも飲み会に比べて一気にハードルが高くなります。

しかし、想像以上に「ゴルフはコストパフォーマンスが高い」のも事実。

ゴルフコースをまわれば、ランチを挟んで丸一日、相手と行動をともにすることになります。プレータイムは約5時間、ランチを入れれば6時間にもなります。車で相手を送迎すれば往復2時間、計8時間も一緒です。

「ゴルフはお金持ちがやるスポーツ」というイメージがあります。たしかに気軽には始められませんが、とてつもなくハードルが高いわけでもない。

実際、平日であれば、プレー料金も意外と安く抑えられます。1人当たり1万50

00円くらいで、いいコースで一日プレーできます（仕事の付き合いの一環としてゴルフをするクライアントも多いので、実際に平日にプレーすることも少なくありません）。

それに比べて飲み会は、せいぜい2～3時間。ちょっと高級なお店を使えば1万円を超えることもあります。

「8時間で1万5000円」と「2～3時間で1万円」。両方とも仕事の結果につなげるプロセスと考えれば、長時間一緒にいられるゴルフのほうが、コストパフォーマンスは高いと言えないでしょうか。

## ゴルフをする人のほとんどは「キーパーソン」

「ゴルフはお金持ちがやるスポーツ」というイメージをもっているなら、一度その考えを捨ててみることも大切です。

たしかに、ゴルフをやる人には、余裕のある人が多いのですが、仕事で結果を出すための経費だと考えれば、決して高いとは思いません。会社や職業によっては実際に

「経費」として認めてもらえるケースもあるでしょう。

飲み会に比べて、仕事で結果を出すためにゴルフをしている人は少数派です。一方で、ゴルフを趣味にしている人は、会社の幹部など決裁権をもつキーパーソンがほとんどと言えます。

つまり、「チャンスは大きいのに、ライバルは少ない」のです。そういう意味では、ゴルフに付き合える人は、それだけで大きなアドバンテージをもっていると言っても過言ではありません。

## NG 「ゴルフはお金持ちがやるもの」と決めつける

59

# ゴルフのスタイル＝仕事のスタイル

長時間、ずっと自分を取り繕うことは簡単ではありません。いったんゴルフコースに出れば、約6時間は行動をともにするので、良くも悪くも相手の人柄や性格が垣間見えます。

たとえば、あるクライアントと初めて一緒にゴルフに行ったときのこと。そのクライアントのイメージは冷静沈着で、少し神経質。あまり冗談も通じないタイプのように見えて、私もしばらく距離を縮められずにいました。

ところが、そのクライアントが短い距離のパットを失敗したとき、「ウワーッ、やっちまった！」と大声をあげたかと思うと、そのままグリーン上に大の字になって寝転がったのです。まるで駄々をこねる子どものようでした。

グリーン上に寝る行為はマナー違反なのですが、その様子を見て私は、「人間らしい面もあって、愛すべき人だな」という感想をもちました。

それ以降、私は気軽にそのクライアントに話しかけられるようになりました。しまいには冗談も言い合える関係になり、相手から「トガッチ」と呼ばれるまで打ち解けたのです。その日を境に、仕事でも本音をぶつけ合って、より質の高い仕事をできるようになったのは言うまでもありません。

ゴルフのプレースタイルには、相手の人柄だけでなく、仕事のスタイルもあらわれます。

たとえば、せっかちで迷うことなくボール打つ人は、仕事でもスピード感を重視する傾向があって、決断も早い。そういうタイプに対しては、仕事の完成度よりもスピードを優先したほうがうまくいくと察しがつきます。

また、正面に木があり、打ったボールが当たる恐れがあるときは、1打損してでも無理をせずにその木を避けて打つタイプの人もいます。安全策を好む人はビジネスでも慎重な面があるので、企画をプレゼンするときなどは、資料やデータを多くして丁寧に説明することが効果的でしょう。

このように、ゴルフのプレースタイルから相手の仕事のスタイルを知り、それに合わせた仕事のしかたをする。これも結果につなげるためには大切なことです。

## ゴルフ場であえて本音を出してみる

また、ゴルフ場では「本音をポロッと出しやすい」というメリットもあります。青空と緑に囲まれた環境では、自然と心もオープンになるのでしょう。

私はときどき自社の社長と一緒にゴルフに行くことがあるのですが、プレーの合間に、あえて普段会議室では言いにくいことを切り出します。

たとえば、「実は、人が足りなくて困っています、編集部員を一人採用したいのですが……」とジャブを打つ感覚でポロッと言ってみる。すると、社長が困った表情で「売上が10％伸びたらいいよ」と半分冗談の雰囲気で返してくるかもしれません。

もちろん、この件は後日、正式に会議の席で議論するのですが、事前にこのようなやりとりをすることによって、社長は面食らうことなく、私の話を聞いてくれるでしょう。また、私は社長の考えや感触をつかめていますし、社長は私が悩んでいる問題を把握できているので、その後の話し合いは生産的なものになります。

腹を割って本音で話しておくことで、その後の仕事における意思疎通が進み、結果として質の高い仕事ができるのです。

NG

## 「会議室の人格がすべてだ」と思い込む

# 60

# 「ジム」で裸の付き合いをせよ！

もうひとつ、飲み会と同じような効果を得られる場が存在します。体を鍛えるための「ジム」です。

「服をかっこよく着こなすには、逆三角形の体をキープすることが必要」という信念をもっていることもあり、私は週2~3回ジムに通っています。

いつも行くジムには、たまたまクライアントの人も通っているのですが、仕事を離れた場で一緒に汗を流していると、やはりお互いの人柄も知れますし、関係も親密になっていきます。チャプター1でも話しましたが、裸になってサウナで一緒に話をしていれば、グンと距離が縮まります。

また、私の経験からいえば、ジムで体を鍛えている人は、仕事に対する意識も高く、結果を出している人が多い。そのような人たちと、腹を割って交流することができれば、モチベーションも上がります。

結果を出すために、ジムも戦略的に活用してみてはいかがでしょうか。

## NG 筋肉をつけることに夢中になる

## おわりに

私が参加する飲み会のほとんどは、仕事で結果を出すことを前提としたものです。完全なプライベートで飲む機会は、1年間で数えるほどしかありません。

「戸賀は飲み会が好きだから……」と思われているかもしれませんが、正直に告白すれば、しんどくなるときもあります。

それでも、私が飲み会や会食と真剣に向き合っているのは、『MEN'S CLUB』の編集長という肩書があるから。この肩書があるからこそ、今の自分と飲み会や会食を開こうとしてくれる人がいることは理解していますし、それを雑誌の売上に結びつけるのは、編集長の使命だと考えています。

仕事の会食が増えれば増えるほど、当然、妻や母親、義理の両親、親友などと食事をともにする機会は減ります。だからこそ身にしみて感じるのは、心を許せる相手との会食は、自分にとって癒しと元気をもらえる大切な場であるということ。

少々皮肉な結果ですが、仕事の飲み会が頻繁にあるからこそ、大切な人たちと過ごす時間のありがたみを実感しているのです。

みなさんに「私とすべて同じことをしてください」と言うつもりはありません。「そこまで仕事モードは疲れる」と思うのは当然です。

ただし、毎日のように仕事で会食を重ねてきた経験から、確実に言えることがあります。「戦略的に飲み会をすれば、必ず仕事の結果につながる」ということです。

毎日のように飲み会をする必要はありません。しかし、「飲み会は結果を出すためのステップ」であることを意識しながら、これからの飲み会と向き合ってみてください。そうすれば、お店の選び方から、会話の内容、飲み会後の行動まで、これまでの飲み会とはすべて変わってくるはずです。その変化が仕事の結果につながります。

スケジュール帳を開いてみてください。次の飲み会はいつですか？

その飲み会で、まずはひとつでも本書に書かれていることを実践していただければ、とてもうれしいです。あなたの仕事の結果が変わることを祈って、乾杯！

著　者

〔著者紹介〕
戸賀　敬城（とが　ひろくに）
『MEN'S CLUB』編集長。
1967年、東京都生まれ。学生時代から世界文化社『Begin』編集部でアルバイト、大学卒業後にそのまま配属となる。1994年『MEN'S EX』の創刊スタッフ、2002年同誌の編集長に。2005年『時計Begin』編集長、及び『メルセデスマガジン』編集長兼任。2006年『UOMO』（集英社）エディトリアル・ディレクター就任。2007年4月よりハースト婦人画報社『MEN'S CLUB』編集長。就任から8年の間に雑誌の売上をV字回復させる。定期購読者も8000人と、ほかの雑誌ではあり得ない会員組織をつくり上げた。レクサスマガジン『BEYOND』の編集長も兼任する。ブログ『トガブロ。』は月間平均100万PVを超える。
1年365日中364日は、仕事の会食で予定が埋まっており、山手線の駅ひとつにつき1店は、会食に使う店リストを持つ。

http://blogs.mensclub.jp/togablog/

結果を出す男は「飲み会」で何をしているのか?　（検印省略）

2015年6月12日　第1刷発行

著　者　戸賀　敬城（とが　ひろくに）
発行者　川金　正法

発　行　株式会社KADOKAWA
〒102-8177　東京都千代田区富士見2-13-3
03-3238-8521（カスタマーサポート）
http://www.kadokawa.co.jp/

落丁・乱丁本はご面倒でも、下記KADOKAWA読者係にお送りください。

送料は小社負担でお取り替えいたします。

古書店で購入したものについては、お取り替えできません。

電話049-259-1100（9：00〜17：00／土日、祝日、年末年始を除く）

〒354-0041　埼玉県入間郡三芳町藤久保550-1

DTP／ニッタプリントサービス　印刷・製本／図書印刷


ISBN978-4-04-601196-1　C2034